O SILÊNCIO DE UM PARTO

Editora Appris Ltda.
1.ª Edição - Copyright© 2025 dos autores
Direitos de Edição Reservados à Editora Appris Ltda.

Nenhuma parte desta obra poderá ser utilizada indevidamente, sem estar de acordo com a Lei nº 9.610/98. Se incorreções forem encontradas, serão de exclusiva responsabilidade de seus organizadores. Foi realizado o Depósito Legal na Fundação Biblioteca Nacional, de acordo com as Leis nºs 10.994, de 14/12/2004, e 12.192, de 14/01/2010.

Catalogação na Fonte
Elaborado por: Josefina A. S. Guedes
Bibliotecária CRB 9/870

S237s
2025
	Santos, Alba Lucia Dias dos
	   O silêncio de um parto / Alba Lucia Dias dos Santos. – 1. ed. – Curitiba: Appris, 2025.
	   161 p.; 23 cm. – (Multidisciplinaridade em saúde e humanidades).
	
	   Inclui referências.
	   ISBN 978-65-250-7391-0
	
	   1. Maternidade. 2. Morte fetal. 3. Luto. I. Título. II. Série.
	
	                                                       CDD – 618.2

Livro de acordo com a normalização técnica da ABNT

Appris editorial

Editora e Livraria Appris Ltda.
Av. Manoel Ribas, 2265 – Mercês
Curitiba/PR – CEP: 80810-002
Tel. (41) 3156 - 4731
www.editoraappris.com.br

Printed in Brazil
Impresso no Brasil

Alba Lucia Dias dos Santos

O SILÊNCIO DE UM PARTO

Appris
editora

Curitiba, PR
2025

FICHA TÉCNICA

EDITORIAL	Augusto Coelho
	Sara C. de Andrade Coelho
COMITÊ EDITORIAL E CONSULTORIAS	Ana El Achkar (Universo/RJ)
	Andréa Barbosa Gouveia (UFPR)
	Antonio Evangelista de Souza Netto (PUC-SP)
	Belinda Cunha (UFPB)
	Délton Winter de Carvalho (FMP)
	Edson da Silva (UFVJM)
	Eliete Correia dos Santos (UEPB)
	Erineu Foerste (Ufes)
	Fabiano Santos (UERJ-IESP)
	Francinete Fernandes de Sousa (UEPB)
	Francisco Carlos Duarte (PUCPR)
	Francisco de Assis (Fiam-Faam-SP-Brasil)
	Gláucia Figueiredo (UNIPAMPA/ UDELAR)
	Jacques de Lima Ferreira (UNOESC)
	Jean Carlos Gonçalves (UFPR)
	José Wálter Nunes (UnB)
	Junia de Vilhena (PUC-RIO)
	Lucas Mesquita (UNILA)
	Márcia Gonçalves (Unitau)
	Maria Margarida de Andrade (Umack)
	Marilda A. Behrens (PUCPR)
	Marília Andrade Torales Campos (UFPR)
	Marli C. de Andrade
	Patrícia L. Torres (PUCPR)
	Paula Costa Mosca Macedo (UNIFESP)
	Ramon Blanco (UNILA)
	Roberta Ecleide Kelly (NEPE)
	Roque Ismael da Costa Güllich (UFFS)
	Sergio Gomes (UFRJ)
	Tiago Gagliano Pinto Alberto (PUCPR)
	Toni Reis (UP)
	Valdomiro de Oliveira (UFPR)
SUPERVISORA EDITORIAL	Renata C. Lopes
PRODUÇÃO EDITORIAL	Bruna Holmen
REVISÃO	Simone Ceré
DIAGRAMAÇÃO	Jhonny Alves dos Reis
CAPA	Daniel Dias dos Santos
REVISÃO DE PROVA	Sabrina Costa

COMITÊ CIENTÍFICO DA COLEÇÃO MULTIDISCIPLINARIDADES EM SAÚDE E HUMANIDADES

DIREÇÃO CIENTÍFICA	Dr.ª Márcia Gonçalves (Unitau)
CONSULTORES	Lilian Dias Bernardo (IFRJ)
	Taiuani Marquine Raymundo (UFPR)
	Tatiana Barcelos Pontes (UNB)
	Janaína Doria Líbano Soares (IFRJ)
	Rubens Reimao (USP)
	Edson Marques (Unioeste)
	Maria Cristina Marcucci Ribeiro (Unian-SP)
	Maria Helena Zamora (PUC-Rio)
	Aidecivaldo Fernandes de Jesus (FEPI)
	Zaida Aurora Geraldes (Famerp)

Só se vê com o coração. O essencial é invisível aos olhos.
(Antoine de Saint-Exupéry)

AGRADECIMENTOS

Agradeço ao meu pai, José (*in memoriam*), e à minha mãe, Cecília, pelo meu existir, pelo amor e estímulo em todos os momentos de minha vida e formação.

Ao meu marido, Isaías (*in memoriam*), pelo amor, dedicação à família e apoio à minha vida profissional.

Aos meus filhos Alexandre, Daniel e Eduardo, pela experiência de ser mãe e sentir a força poderosa do amor materno.

Ao meu filho Daniel, pelas reflexões para o título do livro e autoria da sua capa.

Às minhas noras Giselle, Vera e Aline, pelo apoio e carinho; e aos meus netos Guilherme, Fernando, Sophia e Ingrid, por experimentar um amor intenso e maravilhoso.

Aos meus irmãos Silvia, José Roberto, Sonia (*in memoriam*), Rita, Daisy e Patrícia, meus cunhados, sobrinhos e demais familiares, pelo amor, respeito e carinho em minha vida pessoal e profissional.

Ao meu professor e orientador de mestrado e doutorado Dr. Cornélio Pedroso Rosenburg (*in memoriam*) e à coorientadora Dr.ª Keiko Ogura Buralli (*in memoriam*), pela paciência no meu processo de aprendizado e pelos sábios ensinamentos que nortearam os passos percorridos para a elaboração da presente obra.

À Dr.ª Fumika Peres, pela revisão cuidadosa do trabalho para apresentação final do texto da dissertação.

Aos docentes do Departamento Materno-Infantil, em especial a Dr.ª Néia Schor, e Dr. Paulo Rogério Gallo e demais docentes, pelo apoio e estímulo durante a elaboração do trabalho.

A todos os funcionários do Departamento Materno-Infantil e da Biblioteca, pelo apoio e carinho durante a elaboração do trabalho.

À minha amiga Dr.ª Maria Célia Guerra Medina e ao Dr. Hugo Amigo, pelo incentivo e iniciação à pesquisa.

Às mulheres que participaram da pesquisa, pela confiança depositada, sem a qual não teria sido possível a elaboração do trabalho.

Dedico este livro a todas as mulheres que, em um momento da vida, choraram pela perda de um filho intraútero, e não contaram com o apoio necessário nessa hora de sofrimento.

APRESENTAÇÃO

A publicação do livro *O silêncio de um parto* surgiu a partir da minha pesquisa de mestrado defendida na Faculdade de Saúde Pública da Universidade de São Paulo (USP) – área materno-infantil –, com o título de "Histórias de perdas fetais contadas por mulheres", como forma de contribuir para maior visibilidade do tema de mulheres que vivenciaram a experiência da perda de seu bebê intraútero.

Como médica do Sistema Único de Saúde (SUS) em atuação na Saúde Pública por mais de 40 anos e como docente de cursos de Medicina há 20 anos, quero compartilhar pesquisas aqui realizadas, que mostram a relevância do tema tanto do ponto de vista da magnitude em termos epidemiológicos, quanto do lado subjetivo da experiência de mulheres que viveram e vivem o luto materno após a perda fetal. A partir da reflexão do problema, pretendo trazer maior conhecimento para estudantes e profissionais de saúde e induzir Políticas Públicas que possam ser incrementadas nos serviços de saúde no SUS e privados, tanto nas maternidades, ambulatórios, quanto nas Unidades Básicas de Saúde (UBSs), para o acolhimento e monitoramento dessas mulheres que vivenciaram a experiência da perda fetal intraútero.

Para isso, o livro analisa a história oral de mulheres que tiveram uma perda fetal, ouvindo todo o percurso desde o início da gravidez, os problemas de saúde, o atendimento do serviço de saúde, o momento da perda e, principalmente, seu impacto, enfim, o significado dessa perda para vida dessas mulheres.

Dessa maneira, o objetivo é compreender o contexto/circunstâncias que envolveram essas mulheres que vivenciaram a experiência de perda de um bebê intraútero e seu impacto emocional, em outros termos, compreender o laço tão profundo que envolve a relação mãe-filho.

O termo "experiência" é aqui empregado no sentido conferido por Benjamin, para quem experiência não é o que ocorre e é registrado fora do sujeito, mas sim o que ocorre no/com o sujeito, por isso, modifica-o, transforma-o, altera sua identidade (Sousa, 1998, p. 262).

As condições de possibilidade presentes na experiência não se reduzem ao previsível e ao possível, tal como no conceito cientificista.

Diferentemente deste, ela, a experiência, não pode ser planejada de modo técnico. Não se pode prever e antecipar o resultado possível, o objetivo previsto, a meta conhecida de antemão.

No conceito de experiência, em Benjamin, o sujeito dá significado e sentido ao objeto. Este é constantemente ressignificado pelo sujeito. O objeto aqui é entendido como um fragmento da cultura (Sousa, 1998, p. 262).

Para atingir os objetivos da pesquisa foi possível o desvelamento de vários aspectos de conteúdos obtidos mediante entrevistas com mulheres que tiveram a experiência de perda fetal, pela metodologia de análise qualitativa, utilizando a técnica de História Oral (Alberti, 1989, p. 262).

Segundo Bogdan e Biklen (1982), as pesquisas qualitativas apresentam cinco características básicas: têm o ambiente natural como fonte direta de dados e o pesquisador como principal instrumento; os dados coletados são predominantemente descritivos; a preocupação com o processo é muito maior do que com o produto; o significado que as pessoas dão às coisas e à sua vida são focos de atenção especial para o pesquisador; a análise dos dados tende a seguir um processo indutivo.

A maioria dos trabalhos científicos sobre o tema – perdas fetais – no campo da Saúde Pública tem contemplado estudos de população ou de instituição, segundo uma abordagem quantitativa, nos moldes epidemiológicos clássicos, buscando pesquisar as causas biológicas, os fatores de risco social ou psicossocial, associados a perdas fetais.

Em essência, esses trabalhos consideram o problema das perdas fetais, segundo o olhar de quem vê o problema do lado de fora, tentando descobrir os fatores que podem estar influenciando a ocorrência dele.

Diferentemente desses trabalhos, minha proposta teve como intenção compreender a perda fetal a partir do olhar de quem passou pela experiência, viveu todo o processo de gravidez dentro do seu contexto de vida, enfrentou problemas de várias naturezas e acabou perdendo seu filho e, depois, sofreu as consequências dessa perda.

Segundo Minayo (1994), o conhecimento tem um caráter aproximado, ou seja, é uma construção que se faz a partir de outros conhecimentos sobre os quais se faz uma apreensão, a crítica e a dúvida. É um processo de tentativas que Limoeiro Cardoso (1977) esclarece muito bem, usando a imagem do feixe de luz:

> O conhecimento se faz a custo de muitas tentativas e da incidência de muitos feixes de luz, multiplicando os pontos de vista diferentes. A incidência de um único feixe de luz não é suficiente para iluminar um objeto. O resultado dessa experiência só pode ser incompleto e imperfeito, dependendo da perspectiva em que a luz é irradiada e da sua intensidade. A incidência a partir de outros pontos de vista ou de outra intensidade luminosa vai dando formas mais definidas ao objeto, vai construindo um objeto que lhe é próprio. A utilização de outras fontes luminosas poderá formar um objeto inteiramente diverso, ou indicar dimensões inteiramente novas ao objeto (Minayo, 1994, p. 27).

Dessa maneira, este livro pretende conferir vida aos números, utilizando-se das vozes dessas mulheres que, até então, estavam silenciadas, procurando apreender as questões por elas valorizadas e identificando o significado da perda para cada uma delas.

SUMÁRIO

CAPÍTULO I
INTRODUÇÃO 17
- A. EPIDEMIOLOGIA 17
- B. FATORES DE RISCO 20
  - B.1 FATORES DE RISCO MÉDICOS 21
  - B.2 FATORES DE RISCO SOCIODEMOGRÁFICOS 33
  - B.3 FATORES DE RISCO SOCIOASSISTENCIAIS 34
  - B.4 FATORES DE RISCO PSICOSSOCIAIS................................... 36

CAPÍTULO II
ENFOQUE TEÓRICO-METODOLÓGICO 45
- A. AS PESSOAS DO ESTUDO 45
- B. QUADRO DE REFERÊNCIA TEÓRICO.. 47
- C. PROCEDIMENTOS METODOLÓGICOS 58
  - C.1 METODOLOGIA QUALITATIVA.. 58
  - C.2 HISTÓRIA ORAL 59
  - C.3 ANÁLISE DE CONTEÚDO 67
- D. CENÁRIO DE ESTUDO... 70

CAPÍTULO III
O ENCONTRO COM AS MÃES.. 73
- A. PERFIL DAS MULHERES 74
- B. O ENCONTRO... 76

CAPÍTULO IV
RECONHECENDO AS EXPERIÊNCIAS... 79
- A. CONTEXTO CIRCUNSTANCIAL DA GRAVIDEZ 79
- B. IMPACTO SOBRE A PERDA... 79
- C. CONTEXTO CIRCUNSTANCIAL DA GRAVIDEZ 80
  - C.1 PERCEPÇÃO DA GRAVIDEZ.. 80
  - C.2 A VINDA DO NENÊ 82
  - C.3 OS PROBLEMAS DE SAÚDE ATÉ A PERDA 86
  - C.4 O ATENDIMENTO NO SERVIÇO DE SAÚDE............................... 91

D. IMPACTO SOBRE A PERDA 102
      D.1 REAÇÕES APÓS A PERDA.. 102
      D.2 A LEMBRANÇA DO NENÊ 112
      D.3 O SIGNIFICADO DA PERDA 115
      D.4 REDES SOCIAIS DE APOIO 122
      D.5 MENSAGEM PARA MULHERES E PROFISSIONAIS 131
      D.6 PERSPECTIVAS 135

CAPÍTULO V
REFLETINDO SOBRE AS HISTÓRIAS 143

REFERÊNCIAS 149

CAPÍTULO I

INTRODUÇÃO

A. EPIDEMIOLOGIA

Segundo a Organização Mundial da Saúde (OMS), o óbito fetal é a morte de um produto da concepção, antes da expulsão ou da extração completa do corpo da mãe, independentemente da duração da gestação: indica o óbito o fato de o feto, depois da separação, não respirar nem apresentar nenhum outro sinal de vida, como batimentos do coração, pulsações do cordão umbilical ou movimentos efetivos dos músculos de contração voluntária.

A diferenciação do óbito fetal e da condição de natimorto importa, sobretudo para fins epidemiológicos e legais. No Brasil, pela CID-10 (Classificação Internacional de Doenças), considera-se o óbito fetal em três dimensões temporais: óbito fetal precoce, se o feto apresentava 22 semanas completas ou mais, com 500 g de peso ou mais ou medindo 25 cm ou mais; óbito fetal tardio: feto com 1.000 g ou mais, de 28 semanas ou mais e 35 cm ou mais. Abaixo de 22 semanas de gestação, ou feto com menos de 500 g, não se fala de óbito fetal, mas de abortamento (Sun *et al.*, 2019).

A Resolução 1.601 do Conselho Federal de Medicina (CFM), de 9 agosto de 2000, regulamenta que, no preenchimento da declaração de óbito em caso de morte fetal, os médicos que prestaram assistência à mãe ficam obrigados a fornecer a declaração de óbito do feto, quando a gestação tiver duração igual ou superior a 20 semanas ou o feto tiver peso corporal igual ou superior 500g e/ou estatura igual ou superior a 25 centímetros.

Segundo a OMS, a definição de óbito fetal coincide com a dada pela CID-10 para óbito fetal tardio, o que se justifica pela necessidade de padronização dos dados para comparação epidemiológica entre as diferentes regiões do mundo (Hug *et al.*, 2021).

Vale ressaltar que vários períodos são considerados no campo de estudo da mortalidade infantil e fetal, razão pela qual apresento, em forma de esquema, a classificação do Centro Latino-Americano de Perinatalogia (Clap) conforme a Figura 1.

Figura 1 – Classificação da mortalidade fetal, perinatal e infantil segundo idade gestacional, peso corporal do feto em gramas e dias após nascimento

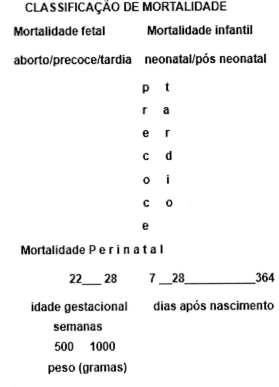

Fonte: Clap (1988)

Dessa forma, o coeficiente de mortalidade fetal diz respeito ao número dos óbitos fetais (que pesam 500 g, ou após 22 semanas de gestação ou com comprimento cabeça-calcanhar de 25 cm) por 1.000 nascimentos totais.

Por sua vez, o coeficiente de mortalidade perinatal se refere ao número de óbitos fetais (que pesam 500 g, ou após 22 semanas de gestação ou com comprimento cabeça-calcanhar de 25 cm), mais o número de mortes neonatais precoces (até sete dias de vida após o nascimento) por 1.000 nascimentos totais.

O tema – perdas fetais – tem sido considerado de grande importância na área da Saúde Pública e estatísticas de saúde, quando acompanhamos a evolução dos coeficientes de natimortalidade em nível mundial.

Segundo a Organização das Nações Unidas (ONU, 2020), quase 2 milhões de bebês nascem mortos todos os anos. O número equivale a um natimorto a cada 16 segundos, revelam as primeiras estimativas sobre o tema divulgadas por agências da ONU e parceiros. A pesquisa envolveu o Fundo das Nações Unidas para a Infância (Unicef), a OMS, o Banco Mundial e a Divisão de População do Departamento Econômico e Assuntos Sociais da ONU.

Segundo a diretora executiva do Unicef, Henrietta Fore, "perder um filho ao nascer ou durante a gravidez é uma tragédia arrasadora para uma família, que muitas vezes é vivida em silêncio em todo o mundo" (ONU News, 2020).

Segundo Fore, além da perda de vidas, "os custos psicológicos e financeiros para as mulheres, famílias e sociedades são graves e duradouros". Ela disse que, "para muitas dessas mães, simplesmente isso não precisa acontecer" (ONU News, 2020). A maioria dos natimortos poderia ter sido evitada com monitoramento de alta qualidade, cuidados pré-natais adequados e uma parteira qualificada.

A grande maioria dos casos, 84%, ocorre em países de renda baixa e média-baixa. Em 2019, 75% dos casos de natimortalidade ocorreram na África Subsaariana ou no sul da Ásia. A maioria dos casos deve-se à má qualidade dos cuidados durante a gravidez e o parto. A falta de investimentos em serviços maternos e força de trabalho são os principais desafios.

Mais de 40% dos natimortos ocorrem durante o trabalho de parto, uma situação que pode ser evitada por profissionais de saúde treinados e cuidados obstétricos de emergência. Como exemplo, cerca de metade dos casos na África Subsaariana e na Ásia Central e Meridional ocorre durante o trabalho de parto. Já na Europa, América do Norte, Austrália e Nova Zelândia são apenas 6%. Poucas mulheres em países de baixa e média renda recebem atendimento oportuno e de alta qualidade.

Para oito importantes intervenções, como cesariana, malária, hipertensão e sífilis, metade dos 117 países analisados tem menos de 50% delas. A cobertura para parto vaginal assistido chega a menos da metade das mulheres que precisam dele. Como resultado disso, o progresso na redução da taxa de natimortos tem sido lento.

De 2000 a 2019, a taxa anual de redução de natimortos foi de apenas 2,3%, em comparação com uma redução de 2,9% na mortalidade neonatal e 4,3% na mortalidade entre crianças de um a 59 meses.

Em comunicado, o diretor-geral da OMS, Tedros Ghebreyesus, disse que "a tragédia da natimortalidade mostra quão importante é reforçar e manter os serviços de saúde essenciais, e quão crítico é aumentar o investimento em enfermeiras e parteiras" (ONU News, 2020).

O relatório mostra que o tema não é apenas um desafio para os países pobres. Em 2019, 39 países de alta renda tiveram um número maior de natimortos do que mortes neonatais. Em 15 países, o número de natimortos foi maior do que o total de mortes infantis. O nível de educação da mãe é um dos maiores motores da desigualdade nesses países.

Em ambientes de baixa e alta rendas, as taxas são mais altas nas áreas rurais do que nas urbanas. O status socioeconômico também está relacionado a uma maior incidência de natimortos. Por exemplo, no Nepal, mulheres de castas minoritárias tiveram taxas de natimortos entre 40% e 60% mais altas do que mulheres de castas de classe alta.

As minorias étnicas em países de alta renda também podem não ter acesso a cuidados de saúde de qualidade suficientes. O relatório cita que as populações Inuit, membros da nação indígena esquimó que habitam as regiões árticas do Canadá, do Alasca e da Groenlândia, por exemplo, têm taxas de quase três vezes maiores do que no resto do Canadá. Nos Estados Unidos, as mulheres afro-americanas têm quase o dobro do risco em comparação com as brancas.

Segundo estudo de 2016, cerca de 2,6 milhões de gestações em todo o mundo culminam com óbito fetal, numa proporção de 19 para cada 1.000 nascimentos (Lawn *et al.*, 2016). Estima-se que, em todo o mundo, o número de óbitos fetais, considerando o critério da OMS, tenha sido de 13,9 mortes para cada 1.000 nascimentos no ano de 2019. Comparando com dados mais antigos, do ano de 2000 (321,4 mortes para cada 1.000 nascimentos), percebe-se importante redução nesse número, de forma progressiva.

B. FATORES DE RISCO

Revendo a literatura sobre o tema das perdas fetais, encontramos muitos trabalhos realizados, mediante utilização de métodos epidemiológicos clássicos, envolvendo o campo da Saúde Pública, abordando fatores de risco, do ponto de vista médico, social e psicossocial. Ainda, engloba os conhecimentos de saúde pública, entre outras disciplinas.

Segundo o Centro Latino-Americano de Perinatologia (Clap),

> [...] como ramo das ciências da saúde, a Perinatologia ocupa um amplo campo mediador enriquece os conhecimentos de tocoginecologia, de neonatologia, de pediatria e de genética, embriologia, fisiologia, patologia, farmacologia, nutrição, psicologia, sociologia, demografia multidisciplinar que compreende o processo reprodutivo centrado no nascimento, interessando-se pelo crescimento e desenvolvimento da criança e fatores que interferem no processo (1987, p. 7).

B.1 FATORES DE RISCO MÉDICOS

O Clap (1987) analisa o risco perinatal a partir de dois conjuntos de variações de risco: o risco potencial, onde figuram fatores denominados pré-concepcionais; e o risco real, que compreende fatores relativos à gestação, ao parto, ao puerpério e ao recém-nato.

Em relação ao risco potencial, os fatores pré-concepcionais considerados são: baixo nível econômico, analfabetismo, má nutrição materna, baixa estatura, obesidade, pequena circunferência craniana, mãe adolescente, idade materna avançada, grande multiparidade, intervalo interpartal curto, antecedentes obstétricos e/ou genéticos ruins e patologia anterior.

Quanto ao risco real, aqueles relativos à gravidez são: anemia, controle pré-natal insuficiente, pequeno ou excessivo ganho de peso, hábito de fumar, alcoolismo, hipertensão induzida pela gravidez, hemorragias, gravidez múltipla, retardo de crescimento intrauterino, rotura precoce de membranas, infecção ovular, incompatibilidade sanguínea feto-materna.

Em relação ao trabalho de parto tem-se: a indução do parto, ameaça de parto prematuro, apresentação viciosa (pélvica), trabalho de parto prolongado, insuficiência cardiorrespiratória, histórias de contração, má assistência ao parto, prolapso de cordão, sofrimento fetal, macrossomia fetal, parto cirúrgico.

Para o recém-nascido, destacam-se os problemas: depressão neonatal, pequeno para a idade gestacional, pré-termo, malformação, infecções; no pós-parto são especificados como fatores de risco: hemorragias, inversão uterina, infecção puerperal.

A força paradigmática dessa forma de investigar pode ser constatada quando se analisa a produção científica do campo, a partir de 1970, em que se observa essa tendência, tanto internacional quanto nacionalmente, destacando-se os trabalhos de: Bard (1970); Letchig *et al.* (1975); Van der Berg (1977); Chamberlain (1984); Mac Cormick (1985); Wise *et al.* (1985); Knox *et al.* (1986); Schwarcz *et al.* (1987); Laurenti (1975); Siqueira *et al.* (1975); Siqueira (1981); Tanaka (1986).

Outras investigações, utilizando esse modelo, foram realizadas por organismos internacionais como a Organização Mundial da Saúde (OMS), Organização Pan-Americana de Saúde (OPS), assim como o Clap, o que vem fortalecer a sua consolidação e difusão.

Segundo Laurenti (1982), os fatores que contribuem para a mortalidade fetal e infantil dividem-se em dois grupos: fatores exógenos e endógenos. Entre os fatores exógenos, também chamados socioeconômicos ou ambientais, citam-se: a nutrição, a renda, o saneamento, a ocupação, o acesso aos serviços de saúde etc. Os fatores endógenos, por sua vez, biológicos ou ligados ao desenvolvimento, são representados pelos fatores genéticos, a idade materna, a paridade etc.

No entanto, como relata o autor, é preciso ficar bem claro que não existe uma perfeita dicotomia entre os dois grupos de fatores, atuando cada um isoladamente em períodos definidos, nem esses fatores são inteiramente independentes. Desse modo, fatores sociais atuam sobre fatores biológicos e alguns fatores biológicos podem ser considerados como pertencentes aos dois grupos. Por outro lado, os fatores biológicos podem, às vezes, ser modificados por mudanças de condições sociais e econômicas, tornando evitáveis algumas mortes ligadas a tais fatores.

A mortalidade fetal é, predominantemente, afetada por fatores biológicos ou endógenos, mais difíceis de ser prevenidos. Isso é particularmente verdadeiro para países mais desenvolvidos, onde mudanças culturais, sociais e econômicas culminaram com a melhoria da qualidade de vida das pessoas e, dessa forma, os óbitos perinatais ocorrem por problemas genéticos graves, prematuridade extrema ou patologia de difícil controle, como descolamento prematuro da placenta, nó verdadeiro de cordão etc.

Entretanto, em nosso meio, em que as condições socioeconômicas e a assistência à saúde de uma grande parcela do grupo materno-infantil são extremamente precárias, os fatores ambientais contribuem de forma relevante para elevar a mortalidade fetal e neonatal, por causas passíveis de prevenção.

De acordo com Barros *et al.* (1984), para haver boas condições de saúde perinatal é necessária uma adequada estrutura socioeconômica da comunidade e um eficiente sistema de saúde.

Segundo Sun *et al.* (2019), em "Protocolos da comissão nacional especializada em gestação de alto risco", as causas dos óbitos fetais são divididas em maternas, fetais e placentárias (Gardosi *et al.*, 2013).

1. Causas maternas: hipertensão arterial, diabetes mellitus, diabetes gestacional, síndrome de anticorpo antifosfolípide, trombofilias hereditárias, traumas maternos (Felisbino-Mendes *et al.*, 2014; Stacey *et al.*, 2011). Em 50% dos casos, as causas são desconhecidas. As causas fetais são: anomalias hereditárias e cromossômicas, infecções congênitas (sífilis, malária, parvovirose, citomegalovírus etc.), aloimunização Rh, hidropisias não imunes (Smith *et al.*, 2007; Frey *et al.*, 2014).

2. Causas placentárias e anexais: descolamento prematuro de placenta, insuficiência placentária, síndrome da transfusão feto-fetal, corioamnionite, prolapso de cordão, rotura de vasa prévia (Frey *et al.*, 2014; Pinar *et al.*, 2014).

Nos países desenvolvidos, ocorrem as menores taxas de óbitos fetais e elas são atribuíveis a sobrepeso/obesidade, idade materna avançada e hipertensão arterial preexistente. O sul da Ásia e os países da África abaixo do Saara são as regiões que concentram a maior parte dos óbitos fetais no mundo. A natimortalidade por sífilis concentra-se no sul da Ásia e a natimortalidade por malária nos países da África subsaariana. Quase 14% dos óbitos fetais decorrem de gravidez acima de 42 semanas (Lawn *et al.*, 2016).

A Figura 2 mostra as variações regionais no mundo da prevalência das causas de óbitos fetais agrupadas em variáveis demográficas (idade materna superior a 35 anos), infecciosas (sífilis, HIV e malária), desordens maternas (obesidade e sobrepeso, diabetes e hipertensão materna preexistente, pré-eclâmpsia, eclâmpsia, tabagismo) e desordens fetais (gestações acima de 42 semanas e aloimunização Rh).

Figura 2 – Prevalência das causas de óbitos fetais no mundo

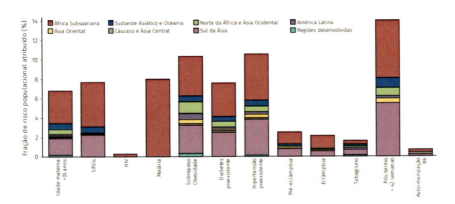

Fonte: Lawn et al. (2016)

Apesar do avanço global na redução do número de óbitos fetais, há diferenças importantes nas diferentes regiões do mundo. Sobretudo em países e regiões mais pobres – como África Subsaariana e Sul Asiático –, a taxa de óbitos fetais para cada 1.000 nascidos chega a 22,7. Por outro lado, em países ricos, a taxa pode ser de 3 para cada 1.000. Na mesma linha, comparando essas regiões socioeconomicamente distintas, percebe-se que a metade dos óbitos fetais nos países pobres se dá intraparto e se relaciona com a falta de profissionais habilitados e estabelecimentos adequados para sua realização. Em países e regiões ricas, menos de 6% dos óbitos fetais apresentam essa relação (Hug et al., 2021).

Segundo Hug et al. (2021) no estudo de estimativas e tendências globais, regionais e nacionais em natimortos de 2000 a 2019, podemos observar no Mapa 1 dados estimados para taxas de natimortos específicos para 195 países de 2000 a 2019. Em nível mundial, em 2019, cerca de 2 milhões de bebês nasceram mortos com 28 semanas ou mais de gestação, com uma taxa global de nascidos mortos de 13,9 nascidos mortos por 1.000 nascimentos totais. As taxas de nascidos mortos em 2019 variaram amplamente entre as regiões, desde 22,8 nascidos mortos por 1.000 nascimentos totais na África Ocidental e Central até 2,9 na Europa Ocidental. Depois da África Ocidental e Central, a África Oriental e Austral e o Sul da Ásia tiveram a segunda e a terceira maiores taxas de nascidos-mortos em 2019. A taxa anual global de redução da taxa de nascidos-mortos foi estimada em 2,3% de 2000 a 2019, que foi inferior à taxa anual de redução da taxa de mortalidade neonatal de 2,9% (para neonatos com idade menor que 28 dias).

Mapa 1 – Taxa de natimortalidade por 1.000 nascidos vivos no mundo em 2019

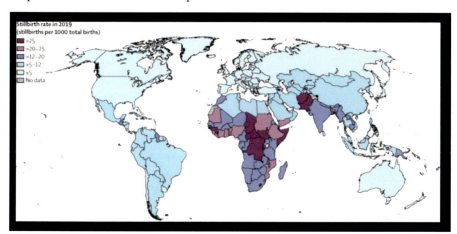

Fonte: Hug *et al.* (2021)

Segundo Laurenti *et al.* (1987), a taxa de natimortalidade é alta ou baixa, dependendo principalmente da assistência pré-natal, das condições de saúde e nutrição da mãe, além de fatores fetais (anomalias congênitas).

Quando se comparam dados do Brasil com os de alguns países desenvolvidos e da América Latina, observamos um declínio geral da taxa de natimortalidade na maioria dos países, mas essa diminuição tem sido muito mais acentuada nos países desenvolvidos, reflexo das condições de vida e saúde geral, e especificamente de programas de saúde da mulher, persistindo ainda uma taxa pequena, principalmente devido às anomalias congênitas graves e diagnósticos difíceis de serem realizados, como descolamento prematuro de placenta e nó verdadeiro de cordão.

Segundo Demographic Yearbook (1980, 1992, 1996), no Quadro 1 podemos observar a evolução do coeficiente de natimortalidade no Brasil, Chile, Estados Unidos e Japão, nos anos de 1978, 1990 e 1994.

Quadro 1 – Coeficiente de natimortalidade por 1.000 nascimentos, segundo países, em 1978, 1990 e 1994

PAÍS	COEFICIENTE		
ANO	1978	1990	1994
BRASIL	25,9	11,9	9,3
CHILE	10,9	6,1	4,6
EUA	7,6	4,7	----
JAPÃO	8,4	3,8	3,3

Fonte: Demographic Yearbook (1980, 1992, 1996)

Podemos observar no Quadro 1 que, apesar da redução em 1994, o coeficiente de natimortalidade no Brasil, comparado com os de outros países, é três vezes maior que o apresentado pelo Japão, o dobro que o dos EUA, em 1990, e o dobro do apresentado pelo Chile, nosso vizinho da América Latina.

Segundo dados do Sistema de Informações de Mortalidade do Ministério da Saúde (1997), no período de 1985 a 1995, o Brasil apresentou uma redução de 20% na mortalidade infantil, de 58,9 para 37,7 por mil nascidos vivos, sendo que se considerarmos as causas, a redução mais expressiva foi obtida na mortalidade por diarreias (56%) e infecções respiratórias agudas (32%), enquanto a redução menor ocorreu na mortalidade por afecções perinatais (11%). Os óbitos por afecções perinatais passaram a assumir maior importância na estrutura de mortalidade no país, representando 46,3% do total de óbitos infantis, em 1995.

Para o estado de São Paulo, as informações da Secretaria de Estado da Saúde (1996) revelam que a taxa de mortalidade infantil vem declinando desde 1990, quando observamos uma redução de 29%, com variação do coeficiente de 31,4 para 22,7, por mil nascidos vivos, mas a redução foi menor no período neonatal (22%), variando de 19,1 para 15,0 por mil nascidos vivos, do que no período pós-neonatal (40%), onde a variação foi de 12,2 para 7,7 por mil nascidos vivos.

A mortalidade perinatal também apresentou declínio de 21% no período de 1990 a 1996, passando de 24,9 para 19,7 por mil nascimentos, porém a mortalidade fetal apresentou menor redução (17%), com variação do coeficiente de 9,3 para 7,7 por mil nascimentos, do que a mortalidade neonatal precoce (23%), com a variação de 15,5 para 11,9 por mil nascimentos, o que vem reforçar a questão da saúde da mulher no tocante à atenção pré-natal.

Segundo o Ministério da Saúde (1997), houve uma melhora uniforme dos indicadores relacionados com o acesso aos serviços de saúde, segundo a evolução de indicadores no período de 1986 a 1996.

Segundo o Ministério da Saúde (1997), os dados da Pesquisa Nacional sobre Demografia e Saúde (PNDS-1996) indicam que a cobertura de atenção pré-natal por médico/enfermeira foi de 85%, com um incremento de 15% na última década. Entre as gestantes que fizeram pré-natal, 77% das mulheres realizaram a primeira consulta durante o primeiro trimestre de gravidez e, pelo menos, 48% compareceram a mais de 7 consultas. Nos últimos 5 anos a assistência institucional ao parto teve uma cobertura média de 91%, chegando a 96% na zona urbana e a 78% na zona rural. Embora esses percentuais mostrem grande avanço no acesso das mulheres a um serviço de saúde, a qualidade desta assistência pode ser questionada.

No Brasil, entre 2000 e 2015, houve uma redução de cerca de 30% na ocorrência de óbitos fetais (Barros; Aquino; Sousa, 2019). Tal redução, embora ainda não esteja na faixa ideal – 12 ou menos natimortos para cada 1.000 nascimento até 2030, segundo a OMS –, apresenta associação com melhora no acesso ao pré-natal, melhora na qualidade do pré-natal e melhora na qualificação da assistência médica e médico-obstétrica (Fretts; Spong, 2020).

No Brasil, conforme dados de 2015, a taxa de óbitos fetais e natimortalidade foi de 10,8 para cada 1.000 nascimentos, com maior prevalência no Nordeste (13,23 para cada 1.000) e menor no Sul (8,27 por 1.000) (Sun *et al.*, 2019).

Segundo Teles e Saidah (2023), isso ocorre não apenas por uma condição gineco-obstétrica com potencial de gravidade e com impactos não só sobre o aspecto médico imediato, pelo risco de complicações, mas também pelo seu impacto econômico (Veettil *et al.*, 2016) e sobre o aspecto psicológico da gestante (Campillo *et al.*, 2017). Quanto a este último, há indícios de que a incidência de depressão, ansiedade e estresse pós-traumático é maior em mulheres que passaram pelo óbito fetal (Westby *et al.*, 2021). Seu reconhecimento precoce e tratamento oportuno, assim como o suporte emocional à gestante, são essenciais para minorar esses riscos (Burden *et al.*, 2016).

Estudos mais recentes de Teles e Saidah (2023), por meio de fontes de dados do Sistemas de Informação de Mortalidade (SIM) – DATASUS, de 2023, no Brasil no período de 2011 a 2021 foram registrados um total de 339.905 óbitos fetais. Retirando-se do número total de óbitos indicados como fetais, no DATASUS, o número de óbitos de fetos menores de 22 semanas e os fetos com menos de 500 g, os quais são considerados como abortamento, o número total de óbitos fetais é de 299.488. Dentre os anos 2011 para 2021, os números oscilam, mas há uma tendência geral de queda conforme o Gráfico 1, observando-se uma queda de 28.350 para 25.089 óbitos fetais.

Gráfico 1 – Número de óbitos fetais no Brasil de 2011 a 2021

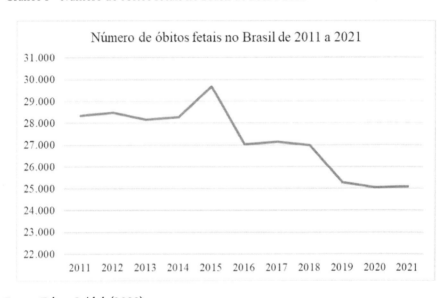

Fonte: *Teles e Saidah* (2023)

Segundo estudo de Teles e Saidah (2023), o perfil epidemiológico do óbito fetal no Brasil é o da mulher jovem, com faixa etária materna entre 20 e 24 anos (Gráfico 2 e Tabela 1), no terceiro trimestre de gestação com idade gestacional (IG) de 32 a 36 semanas (Gráfico 3), e com peso do feto ao nascer de 1.500 a 2.499 g (Gráfico 4).

Gráfico 2 – Número de óbitos fetais por ano conforme a faixa etária materna

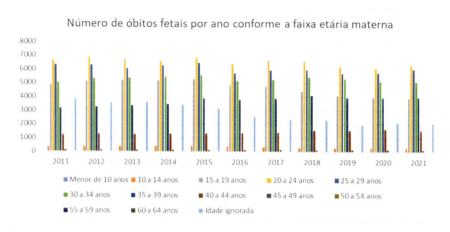

Fonte: *Teles e Saidah* (2023)

Tabela 1 – Número de óbitos fetais por ano conforme a faixa etária materna

Ano do óbito	10 a 14 anos	15 a 19 anos	20 a 24 anos	25 a 29 anos	30 a 34 anos	35 a 39 anos	40 a 44 anos	45 a 49 anos	Idade ignorada
2011	270	4.295	5.952	5.651	4.542	2.872	1.142	106	3.511
2012	290	4.405	6.024	5.619	4.725	2.917	1.177	97	3.232
2013	307	4.462	5.858	5.334	4.740	2.985	1.138	103	3.215
2014	336	4.436	5.786	5.519	4.804	3.057	1.154	109	3.067
2015	343	4.692	6.154	5.789	5.003	3.538	1.205	104	2.858
2016	310	4.256	5.728	5.111	4.613	3.371	1.202	121	2.310
2017	274	4.167	5.942	5.243	4.640	3.396	1.251	120	2.102
2018	241	3.810	5.781	5.235	4.788	3.604	1.356	107	2.048
2019	221	3.522	5.426	4.895	4.553	3.395	1.369	128	1.745
2020	220	3.395	5.221	4.922	4.431	3.428	1.430	109	1.875
2021	223	3.349	5.404	5.083	4.361	3.413	1.315	105	1.833

Fonte: *Teles e Saidah* (2023)

Gráfico 3 – Número de óbitos fetais por ano conforme a idade gestacional

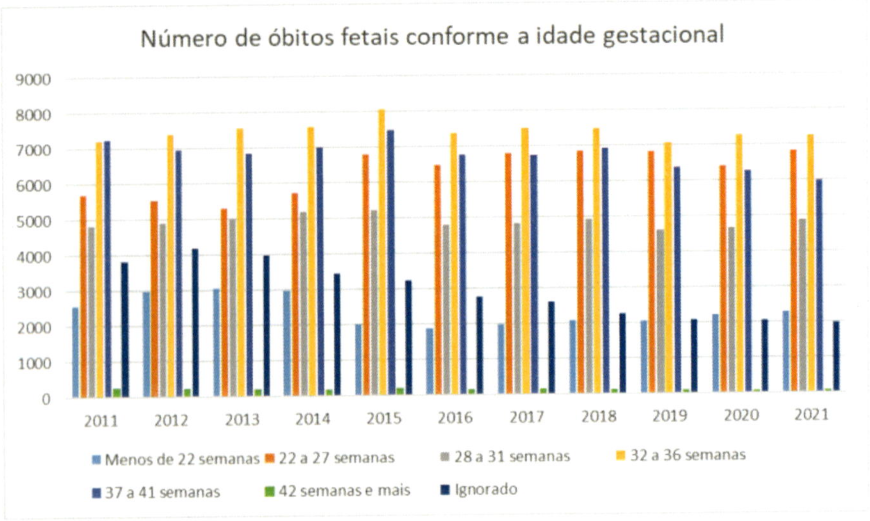

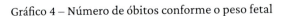

Fonte: *Teles e Saidah* (2023)

Gráfico 4 – Número de óbitos conforme o peso fetal

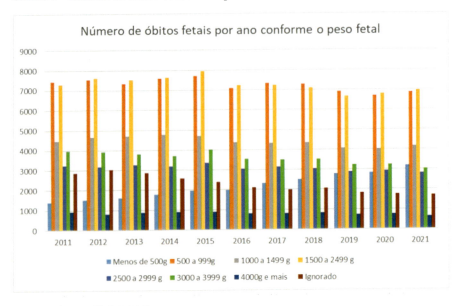

Fonte: *Teles e Saidah* (2023)

Apesar de, no Brasil, ser possível calcular as medidas estatísticas relativas ao óbito fetal, tais dados não são considerados, isoladamente, fidedignos à realidade nacional. O motivo disso, dentre outros, é a falha no preenchimento adequado dos documentos médicos relativos ao óbito fetal e aos óbitos em geral (Souza *et al.*, 2023). Outra dificuldade na comparação dos dados entre as nações é a variedade de formas de conceituar o óbito fetal, a qual, muitas vezes, não coincide com a padronização internacional (Fretts; Spong, 2020).

Utilizando as fontes da Plataforma Integrada de Vigilância em Saúde (IVIS) e considerando dados do Sistema de Informações sobre Mortalidade (SIM) e do Sistema de Informações sobre Nascidos Vivos (Sinasc), a análise detalhada da mortalidade fetal no período de 2010 a 2021, com enfoque nas subdivisões geográficas por estado, podemos observar no mapa do Brasil, na sequência, uma avaliação das variações regionais desses índices, identificando áreas críticas necessárias para o desenvolvimento de estratégias direcionadas para a redução das taxas de mortalidade fetal.

As taxas de mortalidade fetal por 1.000 nascidos vivos no país observadas no Mapa 2, quando comparadas no período de 2011 e 2021 de acordo com o perfil de cores, mostram as variações de taxas entre 7,43 e 15,42 óbitos por 1.000 nascimentos, demonstram melhora das taxas em algumas regiões como Sudeste e Centro-Oeste, alguns estados da região Nordeste, mas a piora na região Norte.

Mapa 2 – Taxa de mortalidade fetal por 1.000 nascimentos em 2010 e 2021

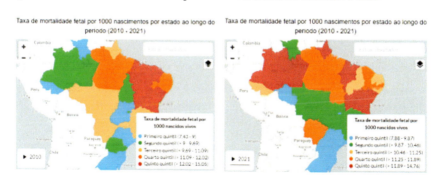

Fonte: Plataforma Integrada de Vigilância em Saúde do Ministério da Saúde (2010-2022)

Ao analisarmos as causas dos óbitos fetais por categoria da CID-10, no período entre 2011 e 2021, conforme Figura 3, observamos no círculo em cores em termos percentuais as principais causas: hipóxia intrauterina 23% (marrom); as causas não definidas 21% (lilás); complicações da placenta, cordão umbilical e membranas 19% (azul-claro); feto e recém-nascido afetado por afecções maternas não necessariamente ligadas a gravidez 16% (laranja); feto e recém-nascido afetado por complicações maternas ligadas a gravidez 5% (vermelho), entre outras.

Figura 3 – Número de óbitos fetais por categoria CID -10 em 2010-2021

Fonte: Plataforma Integrada de Vigilância em Saúde do Ministério da Saúde (2010-2022)

Para tanto, compreender a fisiopatologia do óbito fetal, sua epidemiologia e demais determinantes é fundamental.

Além disso, a essa realidade somou-se, nos anos recentes, a pandemia do SARS-CoV-2, a qual, dentre outros, também pode ter tido impacto significativo nos casos de óbitos fetais em todo o mundo, tanto direta quanto indiretamente, segundo indicações da literatura (Tormen *et al.*, 2023). Há evidências de que a Covid-19 e o contexto da pandemia tenham sido responsáveis, em alguns lugares do mundo, pela elevação do número de óbitos fetais (Tormen *et al.*, 2023).

Isso não ocorreu no Brasil, onde houve redução do número de óbitos fetais no período, o que pode ser atribuído, dentre outros, à vacinação oportuna das gestantes e às medidas sanitárias para conter e prevenir a infecção da população em geral e dessa população, especificamente (Desilva *et al.*, 2022).

Pela ferramenta do DATASUS não é possível, pois, traçar um perfil epidemiológico exato do óbito fetal no Brasil, sobretudo em sua parte estatística, por motivos de limitações no próprio sistema de informações (Souza *et al.*, 2023). Por isso, mais estudos – capazes de resolver esse problema e com metodologia mais robusta – são necessários para descrever e compreender melhor a realidade nacional do óbito fetal (Teles; Saidah, 2023).

B.2 FATORES DE RISCO SOCIODEMOGRÁFICOS

Perez e Leon (1990) indicam os fatores sociodemográficos, entre eles, a escolaridade materna, como os que melhor explicariam o declínio da mortalidade infantil.

Dentre as variáveis maternas que se associam com a mortalidade perinatal mais elevada, destacam-se a idade e o nível de escolaridade, como mostram os trabalhos de Gadow *et al.* (1991), Bailey *et al.* (1991) e Zapatero *et al.* (1989).

Feldestein, citado por Laurenti *et al.* (1975), argumenta que a mortalidade perinatal mais elevada, no grupo de mães com menos de 20 anos, deve-se a outros fatores que não a idade, tais como as condições socioeconômicas e culturais, tendo em vista que as mulheres de nível social mais baixo, em geral, dão à luz mais cedo.

Barros *et al.* (1985) alertam sobre a influência das desigualdades sociais na saúde perinatal. Esses autores encontraram taxa de mortalidade perinatal 3,3 vezes mais elevada entre crianças mais pobres do que entre as mais abastadas.

Bakketeig *et al.* (1993), num estudo realizado na Escandinávia, utilizando escolaridade como indicador representativo de nível socioeconômico, encontraram taxa de mortalidade fetal tardia 40% a 70% mais elevada entre as mulheres com o mais baixo nível educacional, com menos de 9 anos na escola, em relação àquelas com maior escolaridade. Quando ambos os pais tinham o mais baixo nível de educação, a mortalidade perinatal foi 1,8 vezes maior do que entre os pais de nível educacional mais elevado, com frequência na escola acima de 12 anos.

Para Alberman (1981), citada por Barros *et al.* (1984), existem poucas diferenças entre os riscos de mortalidade perinatal de populações abastadas, em diferentes países com níveis de desenvolvimento diferentes, fato esse que pode estar indicando tratar-se de questão que diz respeito muito mais à classe social, uma vez que, para eles, o maior determinante das taxas de mortalidade perinatal de população com baixo nível de vida é o grau de privação enfrentada.

B.3 FATORES DE RISCO SOCIOASSISTENCIAIS

Em vários estudos, a mortalidade perinatal mostrou-se sensivelmente influenciada pelo tipo de assistência pré-natal dispensada às gestantes. Autores relatam considerável aumento do risco de óbito perinatal em mulheres que não fizeram nenhuma consulta durante a gravidez (Mavalankar *et al.*, 1991; Daga; Daga, 1993).

Segundo Siqueira *et al.* (1975), o pré-natal é a época ideal para prevenção da morbimortalidade perinatal, permitindo não só o controle de patologias existentes, como também a correção de carências nutricionais identificadas. No entanto, em nosso meio, esses resultados não vêm sendo alcançados plenamente, tanto por uma questão de deficiência na cobertura, como, principalmente, por falhas na qualidade dessa assistência.

Tanaka (1986), em seu estudo, constatou que filhos de mulheres que não fizeram pré-natal apresentaram três vezes mais eventos negativos de saúde (óbito perinatal, baixo peso ao nascer e prematuridade) em relação àqueles filhos de mulheres que o haviam feito. Dos óbitos perinatais ocorridos, 30% foram identificados como evitáveis e de responsabilidade profissional.

Barros *et al.* (1985), ao analisarem mulheres de níveis de risco gravídico e utilização de serviços sanitários existentes, constataram que aquelas mais necessitadas, por serem de maior risco, tendem a utilizar menos os serviços disponíveis do que as de risco mais baixo. Esse fato é corroborado por Tanaka (1986), ao mostrar que quanto mais elevado o status socioeconômico, maior a demanda por assistência pré-natal. Quanto mais baixo o estrato social, maior a proporção de mulheres sem a referida assistência. Mais uma vez, este fato estaria indicando o acesso desigual de grupos sociais a serviços de saúde. Em estudo de Barros (1984), realizado em Pelotas, verificou-se que os médicos realizaram 69,7% dos partos no grupo de baixo risco e apenas 56,6% no de alto risco. As mulheres com risco mais alto e mais pobres tinham sido atendidas, principalmente, por parteiras.

Outro fato grave foi a proporção de cesarianas, significativamente maior entre mães de baixo risco (32,2%) do que entre as de alto risco (26,8%), levando à conclusão que a prática dessa cirurgia foi notavelmente influenciada, principalmente, por questões econômicas, e não por razões médicas.

Almeida (1996), em estudo realizado no município de São Paulo, verificou que a assistência pré-natal foi considerada inadequada em 50% dos casos, para todas as faixas de idade gestacional analisadas, o que se refletiu no elevado número de mortes intraútero e de nascimentos prematuros.

Segundo Tanaka (1994, p. 17):

> O pré-natal realizado em nosso meio é muito ritualista, as mulheres são pesadas, a pressão arterial é verificada, mas entre esses procedimentos e um diagnóstico médico existe uma lacuna muito grande. Tal ritual não repercute na detecção de uma patologia, num diagnóstico e, portanto, numa intervenção para corrigir tal situação.

Pesquisa realizada em duas maternidades de São Paulo por Tanaka e Maciel (1990) revelou que as mulheres tiveram que recorrer a dois ou três serviços antes de conseguirem uma vaga para internação para ter seus filhos. O percurso na busca da vaga leva, às vezes, de duas a três horas.

Quando o serviço de saúde propõe uma hierarquização e uma regionalização da atenção, podemos constatar que não havia nesse período a integração entre o pré-natal e o hospital. A mulher em trabalho de parto precisava buscar sozinha a assistência hospitalar, aumentando, assim, as possibilidades de complicações para gestante e feto.

Segundo Minayo (2024), a instituição da Rede Cegonha, em 2011, é uma estratégia do Ministério da Saúde que visa a assegurar às mulheres, o direito ao planejamento reprodutivo e atenção humanizada na gravidez, parto e puerpério; e assegurar às crianças o direito ao crescimento e ao desenvolvimento saudáveis.

Um dos pilares dessa proposta é a inclusão de enfermeiras obstétricas e obstetrizes na assistência ao parto. Outro é a implantação de Centros de Parto Normal (CPN), seguindo recomendação da Organização Mundial da Saúde (OMS), segundo a qual, esses Centros não aumentam riscos, e sim, contribuem para racionalizar leitos hospitalares, reduzir excesso de intervenções e aumentar a satisfação das mulheres com a experiência do parto (Who, 2018).

B.4 FATORES DE RISCO PSICOSSOCIAIS

A partir da segunda metade deste século, muitos estudos vêm demonstrando a importância do conhecimento sobre os fatores psicossociais nos conceptos, tais como a relação entre eventos de vida e prematuridade (Katchner, 1960), eventos de vida e baixo peso (Abell *et al.*, 1991; Newton, 1984), ansiedade prolongada e trabalho de parto prematuro (Newton *et al.*, 1979), assim como a atitude negativa para com a gravidez, com altas taxas de mortes perinatal, anomalias congênitas, hemorragia materna e infecção (Laukaran, 1980).

Nuckols *et al.* (1972) constataram um interativo relacionamento entre os fatores psicossociais e riscos biomédicos. Mulheres com múltiplos e recentes eventos de vida e poucos recursos psicossociais apresentam três vezes mais complicações de gravidez do que as que têm múltiplos eventos de vida recentes e muitos recursos psicossociais.

Outros estudos, por sua vez, tentaram demonstrar a predição de complicações de gravidez mediante a união de fatores do risco biomédico e psicossocial, ou seja, o risco biopsicossocial (Smilkstein *et al.*, 1984; Herrera *et al.*, 1997).

Herrera *et al.* (1997) analisaram o risco biopsicossocial de gestantes para o baixo peso, sendo este risco avaliado pela ansiedade, desentendimento familiar ou situação financeira. Além dos riscos biomédicos, demonstram que houve uma sensibilidade de 75% e especificidade de 76% quando se adicionam os riscos psicossociais, comparado aos riscos biomédicos, em que se encontrou uma sensibilidade e especificidade de 62%, para a detecção dos baixos pesos.

O risco psicossocial, nesses trabalhos, tem sido medido por meio de alguns instrumentos, tais como: Family Apgar, para medir o suporte da família; Faces, que mede a coesão e adaptabilidade da família; e o SRE (Schedules of Recent Experiences).

Utilizando esses instrumentos, é solicitado o relato de eventos de vida no ano anterior à gravidez e, depois, outro relato durante a gravidez.

Também é feita a análise dos três suportes sociais, em relação aos quais as pessoas respondem a questões sobre os recursos sociais, trabalho, religião, assistência à saúde, grupo social, cultural e esportivo. A satisfação, então, é medida por meio de uma totalização do nível de satisfação em relação a cada um desses recursos.

Segundo estudos de Meyer *et al*. (1962) e Ramsey *et al*. (1983) concernentes a aspectos de funcionamento da família e o sistema imunológico, sugere-se que o sistema familiar pode representar a imunidade de proteção para agentes infecciosos.

Kass *et al*. (1970) e Sweet *et al*. (1983), em seus estudos, apontam evidências de que infecções intrauterinas podem ser responsáveis por prematuridade e retardo de crescimento intrauterino.

Brunham *et al*. (1981, 1983) concluíram que é possível que a disfunção do sistema familiar possa interagir com o sistema imune materno, comprometendo o estado imunológico, permitindo a infecção uterina. Altos níveis de IGA, imunoglobulina secretória A no muco cervical são necessários para proteger a entrada da cavidade uterina de agentes infecciosos e, normalmente, verifica-se uma diminuição de IGA, em certas infecções uterinas.

Willianson *et al*. (1989) realizaram um interessante estudo no Missouri, com 513 mulheres da zona rural, durante 2 anos – de 1984 a 1986 –, com o objetivo de verificar a associação de estresse de vida e sérias complicações de gravidez. As mulheres que tiveram um aumento do estresse do primeiro para o segundo trimestre de gestação tiveram uma taxa significativamente maior de resultados desfavoráveis, tais como morte perinatal, baixo peso ao nascer, escala de Apgar menor que sete e transferência para UTI neonatal. O efeito do aumento do estresse esteve presente, mesmo controlando fatores demográficos e de risco obstétricos.

O estudo concluiu que importantes complicações de gravidez estavam relacionadas com estresse de vida, independentemente do risco biomédico.

Wadhwa *et al*. (1996) realizaram na Califórnia um estudo transversal com 54 mulheres, com o objetivo de verificar a associação entre fatores psicossociais de estresse do pré-natal e o eixo neuroendócrino da gravidez humana. Observaram uma associação entre alteração dos parâmetros neuroendócrinos pelo aumento dos níveis de hormônio ACTH, betaendorfinas e cortisol, em especial nas gestantes com estresse percebido.

O estudo mostrou consistência para demonstrar a premissa de que os parâmetros maternos da placenta fetal estão significativamente associados aos fatores psicossociais de estresse do pré-natal, independentemente das alterações do sistema neuroendócrino que ocorrem na gravidez.

Como pudemos observar nos inúmeros trabalhos apresentados, os principais fatores de risco para óbito fetal envolvem, igualmente, vários fatores de risco com vários critérios diferentes. Não há, ainda, ferramenta ou escore capaz de predizer adequadamente seu risco (Bukowski et al., 2011; Cheong-See et al., 2016). Quanto aos fatores sociodemográficos, a prevalência de óbito fetal é maior em mulheres de raça negra, em mulheres em situação de vulnerabilidade (Hogue et al., 2013).

Nesse aspecto, segundo estatísticas do IBGE, pessoas de pele parda ou preta têm menor acesso ao cuidado pré-natal do que pessoas de pele branca, com 6,4% destas tendo realizado ao menos uma consulta e 6,5% pelo menos quatro consultas, contra 4,8% e 4,9% respectivamente – considerada a amostragem de 2011 a 2013 (IBGE, 2022). No entanto, é sabido que mesmo com acesso ao pré-natal e a serviços médicos de qualidade, o número de óbitos fetais é maior nas populações parda e negra (Wingate et al., 2017).

Quanto ao fator "idade", a maior prevalência para óbitos fetais se dá nos extremos da vida reprodutiva (adolescentes e mulheres adultas próximas do climatério), preservando boa parte da menacme, feita a devida correção estatística para a prevalência gestacional em cada grupo etário (Reinebrant et al., 2018). A idade materna avançada, conceituada como idade maior ou igual a 35 anos, cuja prevalência vem aumentando, é um fator de risco importante para o óbito fetal (Lean et al., 2017; Saccone et al., 2022). No Brasil, nota-se que esse padrão se repete, com a ressalva de que o maior número absoluto de óbitos fetais se dá dos 20 aos 24 anos. Há, da mesma forma, mais óbitos fetais em mulheres nulíparas e naquelas com histórico prévio ou evento adverso em gestação anterior.

Apesar dos avanços na medicina fetal e no manejo obstétrico, e de haver investigação sobre suas causas, a maior parte dos óbitos fetais ainda é atribuída a fatores gestacionais inexplicáveis e/ou imprevisíveis. Cerca de 80% dos casos de óbito fetal permanecem sem esclarecimento

(Reinebrant *et al.*, 2018). Além disso, nos estudos mais atuais, indica-se que, mesmo para as causas conhecidas, o valor preditivo do óbito fetal só se relaciona significativamente com a existência de gestação com óbito fetal prévio, parto prematuro prévio e perda fetal relacionada ao crescimento intrauterino reduzido (Lamont *et al.*, 2015). Nesse sentido, sabe-se que um óbito fetal em gestação prévia aumenta em 2 a 5 vezes o risco na gestação atual, tal como parto prematuro em gestação anterior o faz em cerca de 3 vezes. As metodologias histopatológicas de investigação, no mais das vezes, podem fornecer melhores indícios da causa do óbito fetal. No entanto, a maior parte permanece inconclusiva (Reinebrant *et al.*, 2018). Grande parte dos óbitos fetais se dá num contexto que poderia ser evitado.

Ressalta-se, nesse sentido, o acesso à atenção obstétrica de qualidade, o qual, no Brasil, deve ser oferecido pelo Sistema Único de Saúde (Albert *et al.*, 2023). Além da atenção ao parto, a realização de um pré-natal adequado, embora não possa garantir a boa evolução das gestações, parece reduzir significativamente o número de óbito fetal (Ota *et al.*, 2020).

Em países mais pobres, com dificuldade de acesso aos serviços de saúde, e baixa qualidade no atendimento obstétrico, há elevação do número de abortos e óbitos fetais (Barros; Aquino; Souza, 2019). As estratégias que visem a reduzir o número de óbitos fetais envolvem, portanto, o fortalecimento de medidas eminentemente preventivas, tais como: realização de pré-natal de forma adequada e por profissional habilitado, disponibilização de cuidado obstétrico emergencial, rastreio e detecção de doenças maternas durante a gestação, rastreio e detecção do bem-estar fetal periodicamente (Sun *et al.*, 2019).

Nesses trabalhos, em sua maioria, descritivos, de natureza epidemiológica, ou mesmo, de natureza sociodemográfica, pudemos observar uma série de fatores que podem estar envolvendo o problema das perdas fetais – fatores de natureza biológica associados aos fatores de risco sociodemográficos, tais como idade, escolaridade, renda, ou mesmo organizacionais, como acesso aos serviços de saúde.

Foram relatados também estudos que procuram associar os fatores de risco biológicos a fatores de risco psicossociais, tais como estresse, ansiedade durante a gravidez, e, mais recentemente, estudos que vêm demonstrando alterações imunológicas em mulheres grávidas com fatores de risco psicossocial durante o pré-natal, dessa maneira, podendo influenciar nos resultados desfavoráveis da gravidez.

Pensamos que todos esses fatores devem estar presentes de uma maneira complexa quando consideramos o problema das perdas fetais, mas entendemos que um olhar externo não permite compreender com maior profundidade o problema das perdas fetais vivenciado por mulheres, objeto de nosso estudo.

Grande parte dos trabalhos, como já foi mencionado, caracterizam-se por estudos descritivos, sejam transversais, longitudinais ou retrospectivos, segundo uma abordagem quantitativa.

É indiscutível que a vasta produção de conhecimentos permitiu um maior avanço na compreensão científica do fenômeno perdas fetais. Entretanto, observamos, na literatura internacional e nacional, uma carência de estudos que levem em consideração a história objetiva e subjetiva de mulheres que perderam seus filhos (fetos), com os significados dessas perdas e as circunstâncias em que ocorreram.

Dentre os poucos trabalhos voltados para a compreensão do tema e que ajudam a enxergar o outro lado da problemática, qual seja, a partir do olhar de mulheres que passaram pela experiência, citamos alguns deles para abordar questões que comumente são ignoradas ou pouco trabalhadas na área de Saúde Pública e que se relacionam mais diretamente com a proposta do presente estudo.

Defey *et al.* (1985) trazem estudo nessa linha como contribuição à abordagem da questão da morte e da dor, com vistas a entender a dor pela criança que morre antes de nascer, da posição das vivências dos pais e da equipe de saúde. Realizado em uma clínica de ginecologia de uma faculdade no Uruguai, o estudo se baseou em entrevistas gravadas com mulheres que haviam vivenciado a perda fetal, assim como com a equipe de saúde.

O estudo faz recomendações quanto aos aspectos psicológicos de pais que passaram pela morte fetal conforme descrito na sequência:

- Ajudar na tomada de consciência da realidade sobre a morte do filho, por meio de informações aos pais, mostrando o corpo, incentivando que se dê um nome ao filho, incentivando o enterro e os rituais funerários.

- Respeitar e favorecer as manifestações de dor, respeitando o choro e ouvindo-os.

- Não dar indicações que dificultem o processo de luto, não recomendando uma nova gravidez ou adoção, não indicar medicamento psicotrópico, desaconselhar a esterilização imediata, não isolar a mãe durante a internação e evitar que a supressão da lactação signifique a supressão da feminilidade.

- Favorecer e apoiar o luto de toda família, além do pai e de outros filhos.

- Apoiar os pais, por meio de entrevistas, sendo a primeira no hospital, a segunda e a terceira no domicílio, respectivamente, 15 dias e três meses após a perda, além da formação do grupo de pais.

Além disso, recomendam favorecer a equipe de saúde a falar sobre suas dificuldades no cotidiano com o problema, por meio de reuniões periódicas.

Na área de Psicologia, Savage (1989), analista junguiana, apresenta importante contribuição para a abordagem do tema, expondo um raro paralelo e uma explanação dos modelos conhecidos de perda, examinando seus pontos positivos e limitações, fornecendo novas perspectivas, interpretações novas, num genuíno sentimento de empatia e na compreensão das pessoas que sofrem a angústia da perda de um filho. *Vidas não vividas*, o livro de Savage, parte do conceito junguiano de dor, como experiência humana que apresenta muita regularidade nas emoções e no comportamento, sugerindo que essas experiências que envolvem perda são influenciadas por temas arquetípicos comuns às experiências por que passa toda a humanidade. Segundo a autora, a conclusão desse processo de lamentação requer que tenhamos conhecimento de toda a extensão da perda, e que haja consciência do efeito causado por ela. Apesar de trabalho realizado no campo do aborto natural e de luto, sem dúvida se aplica perfeitamente à compreensão da perda fetal.

Luz *et al.* (1989) desenvolveram um estudo com mulheres que haviam passado pela experiência de perda fetal, em clínicas obstétricas de três hospitais do Rio Grande do Sul, abordando-as em dois momentos: durante a internação e após três meses, no domicílio. O objetivo desse estudo foi o de compreender o processo vivenciado por essas mulheres, para subsidiar o trabalho do enfermeiro junto a esse tipo de clientela, de forma a apoiá-las no enfrentamento da perda, durante e após a fase de internação hospitalar.

O estudo aponta as seguintes condutas:

- Informar a mãe, logo após o diagnóstico de perda fetal.

- Registrar no prontuário as informações dadas à mãe sobre o acontecimento.

- Mostrar o natimorto à mãe.

- Oferecer uma assistência diferenciada para as mães na unidade de internação obstétrica.

- Falar sobre o evento com a mãe, ouvindo-a para que se expresse.

- No ambiente familiar, após a alta hospitalar, orientar familiares com relação à puérpera.

Outro estudo, na linha fenomenológica, foi desenvolvido por Popim *et al.* (1990), na Clínica de Obstetrícia da Faculdade de Medicina de Ribeirão Preto – USP, com o objetivo de desvelar o fenômeno da perda de um filho no período perinatal e compreender o significado para a mãe. Da mesma forma que o trabalho anterior, o estudo pretendeu fornecer subsídios para o planejamento da assistência de enfermagem, no sentido de apoiar mulheres nesse processo de perda.

Segundo esse estudo, a análise dos depoimentos da perda fetal mostra aos olhos da mãe:

- Como uma experiência que envolve a preocupação com o corpo do filho e com o sepultamento.

- Como uma experiência que traz consigo a necessidade de explicação, de atribuição de uma causa.

- Como uma experiência dolorosa que encontra lenitivo na religiosidade.

- Como uma experiência na qual o sexo da criança emerge de modo a dar-lhe uma identidade.

O estudo ressalta, também, que trazer à luz o significado dessa experiência pode constituir subsídio para um planejamento de assistência de enfermagem que resgate o seu experienciar.

Martins *et al.* (1998) realizaram um estudo na clínica obstétrica da Faculdade de Medicina da USP, tendo como objetivo a compreensão da gênese e o dinamismo dos sentimentos maternos diante do óbito fetal. O trabalho revelou que as mulheres têm dificuldade de tomar decisão de ver o feto, expressam o desejo de ele ser enterrado, têm preocupação de ele ser jogado no lixo, e a maioria não sabe a causa da morte.

A partir dessas avaliações, os autores chegaram a várias conclusões. O desconhecimento da causalidade do óbito pode desencadear o luto patológico. Há necessidade de melhor orientação às parturientes sobre o estado físico do bebê (caso esteja em dúvida quanto a ver o mesmo) e de respeito à decisão tomada pela família de ver ou não o feto. Há também a necessidade de consultar a paciente sobre o destino que se deseja dar ao feto, não induzindo a deixá-lo para estudo.

O trabalho com a equipe nesse contexto é fundamental, a fim de se esclarecerem quais as expectativas em relação ao bebê morto, e mostrá-lo para a mãe; além disso, o serviço do psicólogo serve como auxílio a essa equipe para enfrentar a situação de morte.

É importante estar junto à paciente no momento tão doloroso e singular que caracteriza o óbito fetal, propiciando um espaço para que possa falar de sua dor.

Os quatro trabalhos citados revelam semelhanças:

- foram desenvolvidos em clínicas obstétricas de faculdades de Medicina, abordando mulheres internadas, que haviam passado por perda fetal ou no período perinatal;

- todos estão vinculados à preocupação com a assistência – de enfermagem, psicológica, médica;

- todos se prenderam à compreensão da gênese e do dinamismo dos sentimentos maternos, diante dos óbitos fetais e perinatais

A partir das referências no campo da Saúde, em particular, tem-se uma ideia da escassez de estudos, dentro de uma abordagem de análise qualitativa, voltados para a compreensão do tema das perdas fetais, segundo a leitura de mulheres que vivenciaram a experiência, razão pela qual decidimos pela realização do presente estudo na linha investigativa considerando a percepção das mulheres que vivenciaram a perda fetal com as consequências desse evento.

CAPÍTULO II

ENFOQUE TEÓRICO-METODOLÓGICO

A. AS PESSOAS DO ESTUDO

Considerando a vasta literatura de trabalhos sobre o tema das perdas fetais com estudos epidemiológicos quantitativos, e a escassa produção em trabalhos qualitativos sobre o tema, propusemos como objeto do estudo um olhar diferente, qual seja, escolhendo as pessoas, nesse caso, as mulheres que vivenciaram o problema, buscando um objetivo que trouxesse suas vozes, relatando todo o processo da gravidez, com os acontecimentos até a perda do bebê e o sofrimento pelo luto vivenciado.

Assim definimos como objetivo do estudo: "(Re)conhecer o significado da perda fetal para mães que vivenciaram a experiência, a partir da compreensão do processo de gravidez, com base em seus relatos".

Algumas considerações preliminares se fazem necessárias para a apresentação do enfoque para o presente estudo. Com tal propósito, recorremos a Alvarenga (1994, p. 38), que apresenta, de forma clara e didática, o espaço em que nos propusemos transitar, ao dizer que "a saúde pública comporta o trabalho interdisciplinar, em diferentes níveis, além do tratamento de temas específicos com diferentes abordagens". Nesse âmbito, colocam-se as questões ontológicas, relativas às diferentes maneiras de se conceber a natureza do objeto de investigação, e as epistemológicas, decorrentes dos vários tipos de análise.

> [...] Considera-se que em função destas características as questões metodológicas que se apresentam ao campo da Saúde Pública, sejam mais desafiadoras do que em outras áreas disciplinares, na medida em que o mesmo deve responder pela diversidade de seu objeto, contemplar diferentes níveis de análise e caracterizar-se como amplo campo científico, voltado quer ao conhecimento do processo saúde – doença – morte, quer ao processo de intervenção (Alvarenga, 1994, p. 39).

Assim, entendendo a peculiaridade do trabalho no campo da Saúde Pública, e considerando as especificidades do objeto deste estudo, fomos buscar uma metodologia que pudesse se adequar aos objetivos propostos, na busca da verdade mais próxima do real, expressa pelas mulheres selecionadas, diante do seu problema.

A partir de estudos e contando com orientação adequada, ficou evidente que somente a metodologia de pesquisa qualitativa poderia proporcionar os meios necessários para atingir os objetivos propostos.

Assim, este estudo abordando o tema – perdas fetais – no contexto do processo gravídico, com mulheres que vivenciaram o problema, tem como objetivo compreender como as questões foram percebidas e sentidas no seu universo real.

Para tanto, algumas perguntas de partida se fizeram presentes, motivando todo o processo de investigação:

- Como foi percebida a gravidez?

- Quais as alterações sentidas em seu corpo?

- Como foi recebida a notícia da vinda do bebê?

- Como foi sentida a busca pelo serviço de saúde?

- Como elas relatam as circunstâncias da perda do bebê?

- Quais as reações descritas por essas mulheres após a perda?

Ao analisarmos as histórias das perdas fetais, pretendemos compreender o contexto de circunstâncias que envolveram todo o processo de gravidez de mulheres, fixando-nos mais detalhadamente em suas reações depois do parto, no impacto emocional que essa perda provocou em suas vidas, para reconhecimento do significado.

Para tanto, alguns conceitos assumem importância para a compreensão e análise da pesquisa. O primeiro deles refere-se ao conceito de gravidez e maternidade, delineando a relação mãe-filho; o segundo conceito, na sequência, abrange os aspectos psicológicos da perda do bebê durante a gravidez.

O suporte teórico, fomos buscá-lo em autores do campo da Filosofia, por considerar que, diante do objetivo do estudo, a compreensão de todo processo de gravidez, incluindo a perda e seu impacto emocional até o significado para a vida de um grupo de mulheres, poderia estar sendo beneficiada com as contribuições de autores como Gasset (1989), com o conceito do "eu e a circunstância", e Walter Benjamin (1987, 1984), com o seu conceito de "experiência".

B. QUADRO DE REFERÊNCIA TEÓRICO

Para entender o significado no contexto do ciclo reprodutivo da mulher, Martins *et al.* (1998) chamam atenção para a importância de se entender que há três períodos críticos na vida da mulher: a menarca, a gravidez e a menopausa.

Segundo esses autores, a gravidez pode ser entendida como uma crise normativa, em que ocorre um desequilíbrio da homeostase psíquica – é um período de ambivalência, de grandes modificações psicossociais, de transição e transformação súbita, que exigem da mulher uma adaptação a esta nova condição. Seu corpo tomará uma nova forma a cada dia, e sentimentos como ansiedade, medo e insegurança poderão se intensificar.

No processo gravídico, mostram as diferenças do que passa pela mente da mulher, a depender da fase em que se encontra. Dessa forma, relatam que o primeiro trimestre da gravidez é caracterizado por sentimentos de ambivalência: dúvidas surgem quanto à capacidade de cuidar do bebê, de como será sua vida daqui para frente, constituindo um momento de introspecção, em que a mulher se volta para si e faz uma reflexão sobre sua nova condição: ser mãe.

No segundo trimestre ocorre a percepção dos movimentos fetais, o que contribui gradativamente para conferir ao feto uma identidade separada daquela da mãe. A ambivalência, tão comum na gravidez, vê-se aumentada, confrontando a criança desejada e a criança temida e desconhecida. É nesta época que surge a fantasia/medo de o feto ser malformado, de ele não ser perfeito. Surge também o medo do filho como desconhecido e da responsabilidade que se terá quando ele nascer.

No terceiro trimestre ocorre a estruturação de um novo esquema corporal. A gestante passa a ter a fantasia de aniquilação e morte no parto, além do medo associado à fantasia de perda pelo que o parto suscita. É neste período que há um aumento significativo da ansiedade devido à proximidade do parto. No puerpério a mãe tem a possibilidade de reconhecer o bebê real, não mais idealizado, adaptar-se à nova realidade e às tarefas e funções de seu novo papel.

Diante disso, quando este ciclo experimenta rupturas e perdas, desencadeia-se um processo de luto pelo filho idealizado e pelo filho real, ambos perdidos, o que pode provocar um período de crise emocional significativa, de difícil elaboração e superação. Assim, ao lado das transformações e perdas pelas quais a mulher está passando devido à gestação, o óbito fetal desponta como outra perda que terá que enfrentar, em outras palavras, esta perda pode ser entendida, portanto, como uma crise (acidental), dentro de outra crise (normativa), que é a gravidez.

O segundo conceito fundamental para a compreensão do significado da perda está ligado ao conceito de maternidade. O que significa ser mãe atualmente, que força poderosa é essa, que ligação acontece na relação mãe e filho?

Segundo Stasevskas (1999), maternidade e gravidez são termos usados nos mais diversos e distintos *loci* do convívio humano. Muitas vezes, também se nos apresenta o entendimento dissociado destas duas ideias: a grávida é (ou será) mãe e a mãe é (ou foi) grávida.

Certamente, é inegável a relação entre a qualidade ou condição de ser mãe e o estado da mulher durante a gestação.

As duas condições sofrem influências sociais e psicológicas, mas o processo gravídico possui uma parte, especificamente em seus aspectos biológicos, que é passível de uma descrição mais objetiva. Contudo, se considerarmos a gravidez apenas como parte possível ou passível do processo de maternidade e vice-versa, uma necessariamente não dependerá da outra para se desenvolver (Stasevskas 1990, p. 41).

Para Grisci (1995), o desenvolvimento feminino, desde a infância, é norteado por um condicionamento de ser mãe.

Segundo Badinter (1985), a associação extremamente comum da palavra "amor" e a palavra "materno" intenta promover a mulher mãe e o amor em uma junção constante e perene. Essa promoção traz embutido um valor, ao mesmo tempo natural e social, que a autora considera que é adotado devido ao subtexto de se constituir algo favorável à espécie e à sociedade. Ou seja, de maneira geral, todos acham que o amor materno é inato à natureza feminina: primeiro, a mulher há que ser mãe, e depois há que amar infinitamente seu filho, e isso é um dos propulsores da natureza para a preservação da espécie e o bom encaminhamento da sociedade.

Badinter (1985) afirma que muitos acreditam existir algo próximo a um dispositivo interno na mulher que, acionado pela gravidez, se exerceria na emergência de todas as respostas quanto à condição de mãe. O sentido naturalista e fisiológico que corresponde à gravidez, um fenômeno momentâneo, é estendido para a maternidade, que é uma ação a longo prazo. A associação direta entre parir, amamentar e cuidar posteriormente da criança, e, possivelmente, associação entre mulheres e fêmeas em geral, tem apontado por muito tempo, em estudos de áreas diversas, à conclusão de que é da mulher a responsabilidade do prolongado cuidado da infância.

Ainda, segundo Badinter (1985), muitos defendem a ideia de instinto materno, baseado na filosofia dualística; creem que, sendo a aparência diferente da essência, não são importantes as condutas (aparências) distintas entre as mães se, no fundo (essência), todas possuem genuíno amor materno. Coloca-se que a palavra "instinto", conceito bastante discutido e problematizado, foi perdendo sua força e sendo substituído pela palavra "amor", e que havia nisso a intenção de ressaltar a diferença entre homens e animais, mas que a ideia do amor materno ainda está fortemente associada, conceitualmente, à antiga ideia de instinto materno.

> Mesmo reconhecendo que as atitudes maternas não pertencem ao domínio do instinto, continua-se a pensar que o amor da mãe pelo filho é tão forte e quase que, provavelmente, deve alguma coisinha à natureza. Mudou-se o vocabulário, mas conservam-se as ilusões (Badinter, 1985, p. 21).

A autora, em contrapartida, defende que o amor é apoiado no desejo e que, assim como todos os sentimentos humanos, é incerto, imperfeito e, ao contrário de ser inato, é adquirido, e que esse desejo sofre grande influência social: "Os valores de uma sociedade são por vezes tão imperiosos que têm um peso incalculável sobre os nossos desejos" (Badinter, 1985, p. 16).

Segundo Stasevskas (1999), o papel da atividade materna adquire, então, significação ideológica e psicológica, de acordo com o momento histórico e social, e essas significações, no Brasil, tiveram a contribuição da ciência e da religião, que lançavam pressupostos subjacentes a interesses sociais, econômicos, religiosos e políticos.

Continua a autora:

> Muitos discursos eram importados da Europa, mais especificamente da Revolução Francesa, e da redefinição entre o público e o privado, quando a mulher foi relegada ao âmbito privado, em seu lugar de esposa, mãe e dona de casa. Postula-se a existência de uma natureza feminina cujo lugar social era exclusivamente o mundo privado (Stasevskas, 1999, p. 7).

Del Priore (1993, p. 18) reforça essas colocações, ao dizer: "A maternidade, portanto, extrapola os dados simplesmente biológicos; ela possui um intenso conteúdo sociológico, antropológico e uma visível presença na mentalidade histórica".

Stasevskas (1999), por sua vez, acrescenta conteúdos psíquicos que, com certeza, comungados às dimensões mencionadas, contribuem para a reflexão e a compreensão sobre os significados da maternidade. Para ela,

> [...] um dos processos por onde se dá a constituição da personalidade, incluindo aí a construção do ser mãe, é a identificação, entendida na concepção psicanalítica, segundo Laplanche & Pontalis (1967), como o processo pelo qual o indivíduo assimila um aspecto, uma propriedade, um atributo e se transforma, total ou parcialmente, segundo o modelo de pessoa. Podemos dizer que a construção da identidade possui, em princípio, um apoio na relação mãe / filho e, no caso de mulheres, há a identificação com a mãe, enquanto mãe, fornecendo suporte para um sentido da maternidade (Stasevskas, 1999, p. 8-9).

Continua a autora:

> [...] entendemos que há uma forte vinculação entre o significado de ser mulher e de ser mãe, e isto faz parte do senso comum em nossa sociedade. A maior expectativa dirigida à mulher ainda é que seja mãe, e, em contrapartida, a mulher parece precisar ser mãe para poder se sentir "mais" mulher.... A construção de uma identidade feminina e a maternidade se unem de tal forma que, possivelmente, a primeira tem fundamental apoio na segunda...Abrir mão da maternidade pode significar abrir mão de parte importante, senão crucial, da própria identidade (Stasevskas, 1999, p. 8-9).

Considerando as mudanças ocorridas na gravidez e toda a simbologia que se entrelaça com o conceito de maternidade, ao lado das transformações e perdas pelas quais a mulher está passando devido à gestação, o óbito fetal desponta como uma perda que terá que enfrentar. Em outras palavras, essa perda pode ser entendida como uma crise (acidental) dentro de outra crise (normativa), que é a gravidez. Alguns autores descreveram como esse processo foi identificado pelas mães.

Segundo Quayle (1991, p. 47), "quando a mulher descobre que perdeu o bebê, existe um corte abrupto nesse processo de construção de identidade, com a negação de seu papel social de mãe". E afirma ainda que:

> [...] a morte de uma criança, antes mesmo de ela nascer, de receber uma existência, torna-se irreal para esta mãe, pois difere das outras situações de morte vividas por ela, em que compartilhou a existência da pessoa... é como o 'sumiço' de alguma coisa que já era invisível. Para esta autora, existem evidências de que, para os pais, a relação entre a época da perda e a intensidade do luto não é necessariamente verdadeira.... Também o fato de ter filhos parece não minimizar a relevância e o significado das repercussões emocionais e evitá-las.... Tudo vai depender do contexto de vida de cada pessoa (Quayle, 1991, p. 153-155).

Savage (1989, p. 17) entende que:

> O aborto natural acarreta um efeito pernicioso sobre a imagem que os pais têm de si próprios. Devido ao intenso apego inerente à gravidez, e à sensação física de inseparabilidade entre a genitora e a criança até aquele momento, existe um forte impulso instintivo de se proteger e de acalentar a criança que está se desenvolvendo. Passamos por uma experiência profundamente instintiva da força vital a operar em nós e em favor de nós. Quando a gravidez se interrompe prematuramente com a morte da criança, os pais sentem as consequências da força vital: sentem o aspecto negativo relacionado com a morte, da natureza em si mesma. Isso pode levar a uma sensação de fracasso pessoal, a um sentimento somático, de culpa, à rejeição do corpo e a um quase irresistível impulso à autodestruição, baseado no desejo mal orientado de cuidar do filho morto, mesmo depois da sua morte.

Lamenta-se o aborto natural, não apenas pelo que foi, mas também pelo que poderia ter sido. Uma criança que se desenvolve no útero possui a sensação física de si própria. Mas enquanto ela está em processo de gestação, sua personalidade permanece desconhecida.

Segundo Stern (1997), o bebê representado tem uma longa história pré-natal. À medida que ocorre o crescimento e desenvolvimento no útero da mãe, há também um desenvolvimento paralelo em sua mente. As redes de esquemas sobre o feto se desenvolvem sob a influência de fatores psíquicos e sociais, assim como os biológicos.

Por volta de quatro meses de gestação, existe um aumento na riqueza e nas especificidades das representações maternas de seu feto como bebê. A existência do futuro bebê se torna mais palpável quando a mãe começa a sentir os movimentos dele. Atualmente, a ultrassonografia vem facilitar ainda mais esse fato, quando os pais veem a imagem do feto fornecendo informações fascinantes sobre essa morfogênese do bebê representado.

Entre o quarto e sétimo mês de gestação há um rápido aumento na riqueza, quantidade e especificidades das redes de esquemas sobre o futuro bebê, com um pico por volta do sétimo mês. Entre o sétimo e nono mês existe uma diminuição progressiva da representação do bebê, o que se denomina "anulação das representações", que os estudos sugerem significar uma proteção intuitiva das mães do seu bebê que está por chegar, no sentido de evitar uma discordância entre o bebê real e o representado.

Ademais, existe um relacionamento, tão certo como se a criança já estivesse nos braços da genitora. Nesse estágio inicial do apego, o relacionamento é tal que a criança é o objeto para o qual se dirigem as projeções da imaginação dos pais.

Afinal de contas, o nascimento é o momento do encontro do bebê que está agora em seus braços com aquele que está em sua mente.

Se a criança esperada morre, os pais obviamente sofrem, mas também lamentam a criança da imaginação, a parte de si mesmos, que parece não ter mais nenhuma possibilidade de se concretizar no mundo.

Klaus e Kennell (1982, p. 259) relataram, bem recentemente, que

> [...] tudo o que envolvesse a perda na gravidez era encoberto e tratado com sigilo. No hospital, o corpo da criança, o corpo de assistentes removia rapidamente todas as evidências de um bebê morto. O corpo da criança era depositado em vala comum, sem a cerimônia do funeral. Todo o acontecimento era velado e dele não se dizia uma palavra aos pais.

Com o sofisticado progresso da tecnologia na área da Medicina, explica Ariès (1981, p. 583),

> [...] o modelo romântico que se fazia da morte no século dezenove sofreu uma evolução gradual. Terminou com a medicalização da morte, onde todas as coisas, na vida pública, que trouxessem a ideia de morte, se tornava tabu. A morte tornou-se imoral e o luto uma enfermidade.

Essa moderna atitude do Ocidente, aliada à opinião comum que não supõe a morte de crianças, contribuiu para a rejeição em massa desse sofrimento tão real.

Conforme Knapp (1986, p. 14), "a morte da criança não é apenas emocional, psicológica e fisicamente a mais dolorosa experiência com que alguém pode se deparar; ela é, também, ininteligível filosoficamente; desafia a ordem natural das coisas".

A partir de relatos de mulheres que vivenciaram uma perda fetal, para a compreensão de circunstâncias que as envolveram durante a gravidez – em que momento de suas vidas ocorreu a gravidez, como foi recebida a notícia da vinda do bebê, como o serviço de saúde as atendeu, que problemas de saúde apresentaram até a perda do bebê –, fomos buscar em Gasset (1989) o conceito do "eu e da circunstância", que é assim apresentado por Ortega y Gasset (1989, p. 33): "O viver consiste em que o homem está sempre em uma circunstância, que se acha de imediato e sem saber como submerso em um orbe ou contorno insubstituível neste de agora".

> A realidade da vida consiste, pois não no que é para quem de fora a vê, mas no que é para quem dentro dela vai vivendo enquanto e na medida em que a vive. Daí que conhecer outra vida que não é a nossa, obriga a intentar vê-la não a partir de nós, mas a partir dela mesma, a partir do sujeito que a vive, do drama desse sujeito (Ortega y Gasset, 1989, p. 40).

> Isso significa que na vida acontecem dramas grandes ou pequenos, tristes ou festivos, mas não que a vida é essencialmente e só drama. E é disso precisamente que se trata. Porque todas as demais coisas que nos acontecem e sucedem por uma única razão: viver. Se não vivêssemos não nos sucederia nada; em troca, porque vivemos nos sucede todo o demais (Ortega y Gasset, 1989, p. 40).

Com esse conceito, o autor apresenta o ponto principal e norteador deste estudo, que é a análise do problema das perdas fetais, a partir das mulheres que viveram o problema, e considerando todas as circunstâncias que envolveram o processo da gravidez e o drama da perda e o seu significado de uma forma única e singular. Entretanto, dentro da singularidade demonstra, também, o enfoque coletivo, quando estabelece a relação do ser humano com as outras pessoas da coletividade e que estão naquele momento refletindo conceitos e valores da sociedade em que vive.

Outro ponto fundamental, citado por esse autor, refere-se ao ser humano e à sociedade, ou seja, a ideia de que o homem, desde que nasce, vai absorvendo as convicções de seu tempo, isto é, vai se encontrando no mundo vigente.

> A história não se ocupa de tal vida individual; mesmo no caso de o autor fazer uma biografia, encontra a vida de seu personagem unida às vidas de outros homens, e a destes, por sua vez, a outras, isto é, cada vida está submersa numa determinada circunstância de vida coletiva. E essa vida coletiva, anônima, com a qual se encontra cada um de nós, tem também seu mundo, seu repertório de convicções com as quais, queira ou não, o indivíduo tem de contar (Ortega y Gasset, 1989, p. 44).

> Mais ainda, esse mundo das crenças coletivas - a que se costuma chamar as ideias da época, o espírito do tempo - tem um peculiar caráter que não tem o mundo das crenças individuais, a saber: é vigente por si... Mas as ideias do tempo, as convicções ambientes são tidas por um sujeito anônimo que não é ninguém em particular, que é a sociedade. E essas ideias têm vigência sobre mim, ainda que eu não as aceite, essa vigência se faz sentir sobre mim, ainda que seja negativamente (Ortega y Gasset, 1989, p. 44).

> Mas é claro que a influência maior que o espírito do tempo, o mundo vigente exerce em cada vida, não a exerce simplesmente porque está aí - ou o que é o mesmo, porque estou nele e tenho de me mover e ser -, mas porque em realidade, a maior porção de meu mundo, de minhas crenças, provém desse repertório coletivo, coincide com elas. O espírito do tempo, as ideias da época em sua imensa porção e maioria estão em mim, são as minhas. O homem, desde que nasce, vai absorvendo as convicções de seu tempo, isto é, vai-se encontrando no mundo vigente (Ortega y Gasset, 1989, p. 45).

Foi a partir dessa compreensão que percebemos que somente a partir das mães que viveram o drama da perda fetal, poderíamos estar reconhecendo o que realmente foi valorizado por elas durante o processo, como foi percebido todo o processo de gravidez, de perda e todos os sentimentos que a envolveram, enfim, estar reconhecendo o significado simbólico da perda fetal para essas mulheres.

Dessa maneira, buscamos compreender, a partir de relatos de mulheres que vivenciaram uma perda fetal, o contexto de circunstâncias que as envolveram durante a gravidez; em que momento de suas vidas isso aconteceu, como foi recebida a notícia da vinda do bebê, como o serviço de saúde as atendeu, quais problemas de saúde apresentaram até a perda do bebê. Finalmente, a partir desse contexto de circunstâncias e do fato, reconhecer como essa perda foi interpretada por elas.

Outro conceito utilizado no estudo é o de experiência, segundo a concepção benjaminiana. Para tanto, recorremos às obras de Walter Benjamin (1984, 1987, 1994) e de autores que analisam mais profundamente a filosofia benjaminiana (Gagnebin, 1994; Pereira, 1984; Sousa, 1998), a fim de nos esclarecerem a esse respeito. A leitura das obras citadas sobre o conceito de experiência utilizado por esse autor vai-se ampliando ao longo de seu trabalho, vai sofrendo modificações profundas, de tal forma que o leitor menos atento corre o risco de utilizá-lo equivocadamente. Vejamos então. A primeira nota de Benjamin, publicada em 1914, a respeito da "experiência" é marcada pelo pessimismo diante do processo histórico vivenciado na época. A crítica é dirigida ao "modo burguês de existência, vulgar e carente de espiritualidade" (Pereira, 1984). Assim Benjamin inicia essa nota:

> Em nossa luta por responsabilidade enfrentamos um mascarado. A máscara do adulto chama-se "experiência". Ela é inexpressiva, impenetrável, sempre igual. Esse adulto já experimentou tudo: juventude, ideais, esperanças, a mulher. Tudo foi ilusão. Frequentemente ficamos intimidados ou amargurados. Talvez ele tenha razão. O que podemos contestar-lhe? Nós ainda não experimentamos nada (Benjamin, 1984, p. 23).

O autor contrapõe à experiência do adulto, transmitida como código sedimentado, acabado e conformista, o direito do jovem à sua própria experiência. Prossegue, dizendo:

> O que experimentou esse adulto? O que pretendia provar-nos? Antes de tudo, um fato: também ele foi jovem, também ele desejou outrora o que agora queremos, também ele não acreditou em seus pais; mas a vida também lhe ensinou que eles tinham razão. Ele sorri com ares de superioridade, pois o mesmo acontecerá conosco — de antemão ele já desvaloriza os anos que vivemos, converte-os em época de doces devaneios pueris, em enlevação infantil que precede a longa sobriedade da vida séria. Assim são os bem-intencionados, os esclarecidos [...] O jovem vivenciará o espírito,

o quanto mais difícil lhe seja conquistar algo grandioso, mais facilmente encontrará o espírito em sua caminhada e em todos os homens" [...]

E continua Benjamin:

> Nos jovens conhecemos algo que nenhuma experiência pode nos proporcionar ou tirar: sabemos que existe a verdade, ainda que tudo o que foi pensado até agora seja equivocado; sabemos que a fidelidade precisa ser sustentada, ainda que ninguém a sustentou até agora. Nenhuma experiência pode nos privar dessa vontade. Mas será que em um ponto ao país teriam razão com seus gestos cansados e sua desesperança arrogante? É necessário que o objeto de nossa experiência seja sempre triste? Não podemos fundar a coragem e o sentido senão naquilo que não pode ser experimentado por nós? [...]
>
> Nada é mais odioso ao filisteu que 'os sonhos de sua juventude' (e amiúde o sentimentalismo é a camuflagem desse ódio). Pois o que lhe surgia nesses sonhos era a voz do espírito, que também o convocou um dia, como a todos os homens. [...] O filisteu apresenta à juventude aquela experiência cinzenta e poderosa, aconselha o jovem a zombar de si mesmo, sobretudo porque "vivenciar" sem o espírito é confortável, embora funesto [...] (Benjamin, 1984, p. 24-25).

Na verdade, Benjamin se rebelou contra o código da experiência não vivenciada. Esta ideia é aprofundada pelo autor em *Experiência e pobreza*, escrito em 1933, *O narrador*, em 1936, e nos trabalhos sobre Baudelaire, publicados em 1989.

Gagnebin, no prefácio do livro *Walter Benjamin – obras escolhidas*, de 1987, assim se expressou: Benjamin exige a cada vez a ampliação desse conceito (experiência), contra seu uso redutor [...] contesta a banalização dos entusiasmos juvenis em nome da experiência pretensamente superior dos adultos.

Continua Gagnebin:

> [...] Benjamin retoma a questão da "experiência", agora dentro de uma nova problemática: de um lado, demonstra o enfraquecimento da *"Erfahrung"* no mundo capitalista moderno, em detrimento de um outro conceito, *"Erlebnis"*, a experiência vivida, característica do indivíduo solitário; esboça, ao mesmo tempo, uma reflexão sobre a necessidade

> de sua construção para garantir uma memória e uma palavra comuns, malgrado a desagregação e o esfacelamento do social. O que nos interessa aqui, em primeiro lugar, é o laço que Benjamin estabelece entre o fracasso do *"Erfahrung"* e o fim da arte de contar, ou dito de maneira inversa, a idéia de que a reconstrução da *"Erfahrung"* deveria ser acompanhada de uma nova forma de narratividade. A uma experiência e uma narrativa espontâneas, oriundas de uma organização comunitária centrada no artesanato, opor-se-iam, assim, formas "sintéticas" de experiência e de narratividade.
>
> Esse aspecto "construtivista", essencial nas "teses", deve ser ressaltado, para evitar que a teoria benjaminiana sobre a experiência seja reduzida à sua dimensão nostálgica e romântica, dimensão está presente, sem dúvida, no grande ensaio sobre *O Narrador*, mas não exclusiva (Benjamin, 1987, p. 9 -10).

Em suma, identificando a experiência como traço cultural enraizado na tradição e na medida em que Benjamin constata o desencanto do mundo moderno capitalista, para esse autor significa o declínio da experiência humana coletiva e, portanto, da arte de narrar, já que a narração não é apenas produto da voz, mas de tudo o que é aprendido na vida social.

> Ouvinte e narrador partilham de uma coletividade, de uma experiência comum; sua relação é denominada pelo interesse em conservar o que é narrado. Ocorre que essa forma de comunicação se torna arcaica, à medida que cresce de importância a difusão de informações que aspiram à verificação e à aplicabilidade, mas não se vinculam nem à vida de quem a transmite, nem à vida do ouvinte.... Desaparece a narrativa, ponte entre passado e presente, indivíduo e tradição, passado individual e coletivo... (Kramer, 1993, p. 53).

Degradada a experiência, resta para Benjamin a vivência. Em seus textos mais maduros resgata a noção de *"Erlebnis"* em uma dimensão individual, solitária, subjetiva, porém sem retirá-la da vida social, coletiva.

Muricy (1998, p. 46) retrata bem a vivência formulada por Benjamin:

> [...] para designar a percepção que o indivíduo moderno tem de si e de sua época — uma época esvaziada de significações compartilháveis — em oposição à noção de experiência ("Erfahrung") .... que o trabalho crítico precisa resgatar para devolver ao presente a experiência verdadeira do novo (vivência).

Em suma, considerando que o estudo pretende responder às indagações formuladas no tocante ao processo de gravidez vivenciado por mulheres e o impacto vivido depois da perda do bebê com todas as repercussões e significado para suas vidas, entendemos que a partir dos conceitos de gravidez, maternidade e da perda do bebê com seus aspectos biológicos, psicológicos e sociais, o suporte teórico dos autores escolhidos poderia fornecer os elementos necessários para a compreensão do nosso objeto de estudo.

O conceito de Gasset entendemos ser primordial, porque ele vem ao encontro da proposta de nosso estudo, qual seja, reconhecer o processo de gravidez vivido por um grupo de mulheres, cada qual em um determinado momento de suas vidas e com as suas "circunstâncias", ou seja, a relação do processo vivenciado pelas mulheres com sua família, profissionais do serviço de saúde, enfim todo o entorno, apresentando o seu drama singular, dentro do contexto social correspondente.

Benjamin, com o conceito de experiência, ajuda a ressaltar o caráter de singularidade do processo vivido por essas mulheres, a partir de suas narrativas, da reconstrução de fatos pela memória das narrativas, possibilitando a compreensão do significado da perda do bebê e do aprendizado para cada uma delas.

C. PROCEDIMENTOS METODOLÓGICOS

A partir de estudos de metodologia e contando com a orientação adequada, ficou evidente que somente a pesquisa qualitativa poderia proporcionar os meios necessários para atingir os objetivos propostos no estudo.

Dessa maneira utilizamos no estudo a metodologia qualitativa, considerando, para a coleta de dados, a técnica de História Oral e, para a análise, a técnica de Análise de Conteúdo.

C.1 METODOLOGIA QUALITATIVA

Segundo Denzin e Lincoln (1994), a pesquisa qualitativa propõe uma série de métodos interconectados, esperando ter sempre a melhor maneira de fixar o problema do sujeito em suas mãos. Assim, esse tipo de pesquisa, em essência, tem o compromisso com a aproximação interpretativa do problema do seu sujeito, e critica os métodos da ciência positivista, implicando a ênfase do processo e significados, que não são rigorosamente medidos em termos quantitativos, intensidade ou frequência.

A pesquisa qualitativa enfatiza a natureza da realidade construída socialmente, a íntima relação entre o pesquisador e o seu objeto de estudo, na forma de investigação. Tais pesquisas dão ênfase ao peso do "valor" na natureza da investigação, procurando respostas para questões que enfatizam como a experiência social é criada e ganha significado, contrastando com estudos quantitativos, que enfatizam a medida e análise de causas relacionadas entre variáveis e não por processos vivenciados.

As técnicas de coleta de dados podem utilizar narrativas históricas, relatos de primeira pessoa, fotografias, histórias de vida, biografias, entre outros. Enquanto a pesquisa quantitativa usa modelos matemáticos, tabelas estatísticas, gráficos, e escreve sobre sua pesquisa na forma impessoal, prosa na terceira pessoa.

Segundo Garnica (1996), a pesquisa nos moldes positivistas passa a ser concebida como um modo de geração de conhecimento objetivo, controlada por regras precisas de ação, garantindo a neutralidade do pesquisador em relação ao pesquisado, sendo o rigor nos procedimentos atribuído meramente à natureza exata de testes, de fundo matemático, utilizados.

Já nas pesquisas qualitativas, segundo o mesmo autor, o termo "pesquisa" ganha novo significado, passando a ser concebido como uma trajetória circular em torno do que se deseja compreender, não se preocupando única e/ou aprioristicamente com princípios, leis e generalizações, mas voltando o olhar à qualidade, aos elementos que sejam significativos para o observador-investigador. Essa compreensão, por sua vez, não está ligada estritamente ao racional, mas é tida como uma capacidade própria do homem, imerso num contexto que constrói e do qual é parte.

Após um estudo minucioso e com orientação adequada das várias técnicas quanto aos procedimentos metodológicos dentro da metodologia qualitativa, optamos pela técnica da História Oral; e, para a análise, a técnica da análise de conteúdo. Ambas são expostas na sequência.

C.2 HISTÓRIA ORAL

A técnica da História Oral foi escolhida por entendermos ser a mais apropriada para captar as questões apreendidas no âmbito do problema vivido pelas mulheres do estudo. Apresentamos na sequência um breve histórico dessa técnica com a descrição da metodologia.

Desde o século passado, a antropologia, a história, a sociologia, o jornalismo, a psicologia, entre outras áreas do conhecimento humano e da comunicação social, têm se ocupado de depoimentos, testemunhos e entrevistas como forma de registro e análises sociais.

Porém, foi a partir da década de 1920 que o método de coleta de histórias de vida teve um grande desenvolvimento, ainda entre os antropólogos americanos, com o objetivo de registrar o testemunho de culturas em extinção e preservar um patrimônio que desaparecia sob o impacto colonizador.

No campo da Sociologia, apesar do uso mais restrito de relatos de vida, durante essa primeira fase de sua utilização em bases científicas, foi desenvolvida pela Escola de Chicago.

A moderna História Oral nasceu em 1947, na Universidade de Columbia, em Nova York. Allan Nevins organizou um arquivo e oficializou o termo que passou a ser indicativo de uma nova postura diante do uso e divulgação de entrevistas. Isso se deu depois da guerra, quando combinaram os avanços tecnológicos com a necessidade de propor formas de captação de experiências importantes como as vividas então por combatentes, familiares e vítimas dos conflitos (Meihy, 1998).

Nessa época, o rádio era um importante meio de divulgação e as entrevistas tornaram-se populares. O jornalismo, portanto, foi um significativo degrau para os avanços da História Oral. As revistas e jornais ajudaram a divulgar depoimentos que eram, quase sempre, complementados por fotos. Esse tipo de divulgação popularizou o depoimento como um gênero importante e integrado ao gosto urbano moderno.

A partir dos anos 70, acentuou-se o interesse pelo uso dos depoimentos pessoais na pesquisa social e vários estudos surgiram no cenário da produção científica, com o objetivo de procurar estabelecer a ordem conceitual e metodológica das histórias de vida.

Segundo Rigotto (1998, p. 117), no Brasil, os relatos orais e histórias de vida tiveram um breve aparecimento nos anos 40 e início dos anos 50. Segundo a mesma autora, recentemente, em nosso país, a História Oral tem sido utilizada em investigações na área sociológica, onde se busca "o esclarecimento de relações coletivas entre indivíduos num grupo, numa camada social, num contexto profissional, noutras épocas e também agora" (Pereira de Queiroz, 1998, p. 24).

Segundo Meihy (1998, p. 23), "A base da existência da História Oral é o depoimento gravado. Sem gravação não se pode falar em História Oral".

O mesmo autor define:

> História Oral é um conjunto de procedimentos que se iniciam com a elaboração de um projeto, continuam com a definição de um grupo de pessoas a serem entrevistadas, com o planejamento da condução das gravações, com a transcrição, com a conferência do depoimento, com a autorização para o uso, arquivamento e, sempre que possível, com a publicação dos resultados que devem, em primeiro lugar, voltar ao grupo que gerou as entrevistas (Meihy, 1998, p. 24).

Camargo (1989) define História Oral: "É constituída por um conjunto sistemático, diversificado e articulado de depoimentos gravados em torno de um tema."

Segundo Alberti (1989, p. 1-3),

> A História Oral é um método de pesquisa (histórica, antropológica, sociológica etc.) que privilegia a realização de entrevistas com pessoas que participaram de, ou testemunharam acontecimentos, conjunturas, visões de Mundo, como forma de se aproximar do objeto de estudo. Trata-se de procurar compreender a sociedade através do indivíduo que nela viveu; de estabelecer relações entre o geral e o particular através da análise comparativa de diferentes versões e testemunhos.

Para Denzin (1973, p. 220): "A História Oral apresenta as experiências e as definições vividas por uma pessoa, um grupo, uma organização, e como eles interpretam essa experiência".

"Afirma que pode ser o melhor método para se estudarem processos de socialização, emergência de grupos, estrutura organizacional, nascimento e declínio de uma relação social e respostas situacionais a contingências cotidianas" (Denzin, 1973, p. 257).

Pereira de Queiroz (1988, p. 219) define História Oral como:

> Um termo amplo que recobre uma quantidade de relatos a respeito de fatos não registrados por outro tipo de docu-

mentação, ou cuja documentação se quer completar. Colhida por meio de entrevistas de variadas formas, ela registra a experiência de um indivíduo ou de diversos indivíduos de uma mesma coletividade. Neste último caso busca-se uma convergência de relatos sobre um mesmo acontecimento ou sobre um período. A História Oral pode captar a experiência efetiva dos narradores, mas também recolhe destas tradições, mitos, narrativas de ficção, crenças existentes no grupo.

Segundo Brioshi e Trigo (1987, p. 637),

A sociologia encara o relato de vida como capaz de fornecer elementos para o conhecimento da realidade social tanto a nível sócio estrutural como sócio simbólico. Ao mesmo tempo fornecendo elementos para o estudo dos processos estruturais e relacionais, as histórias de vida podem ser consideradas como produtos subjetivos e simbólicos, possibilitando uma aproximação do sistema de valores e significados do narrador enquanto ser social.

Ainda segundo as mesmas autoras, a preocupação com a contribuição que a subjetividade pode dar para o projeto de conhecimento social talvez possa ser respondida pela afirmação de Zamiti (1985, p. 310):

[...] o método biográfico é justamente aquele que fornece indicações válidas para o conjunto da sociedade, não pela redução da diversidade de vivências singulares, mas pela apreensão do determinismo dessas vivências enquanto modos de inserção nas situações sociais das quais o indivíduo é ao mesmo tempo produtor e produto.

Conforme Rigotto (1998), os relatos de História Oral consideram alguns pressupostos: "Todos os seres humanos compreendem uma humanidade básica, isto é, a identidade da natureza humana persiste, apesar das características pessoais" (Young *apud* Kosminsky, 1986, p. 32). "O indivíduo é sempre membro de um grupo cultural ou comunidade, e seu comportamento é uma resposta a estímulos sociais definidos" (Dollard *apud* Kosminsky, 1986, p. 33). "Através do estudo da vida dos indivíduos, é possível conhecer características valores, estruturas da sociedade na qual está inserido" (Pereira de Queiroz, 1988, p. 28).

Ainda, segundo Rigotto (1998, p. 121):

Emerge então, na trajetória das Ciências Sociais, a noção de sujeito, e com ele a atenção para a cultura, o imaginário, o simbólico. Surge o interesse em conhecer como, a partir de condições históricas e estruturais particulares e das experiências vivenciadas coletivamente, os indivíduos constroem representações de si e da realidade que os cerca, articulando num sistema simbólico, valores, necessidades e desejos que nortearão sua ação no Mundo.

Para Pereira de Queiroz (1988, p. 28):

> Todo fenômeno social é total, dizia Marcel Mauss nas décadas de 20. O indivíduo é também um fenômeno social. Aspectos importantes de sua sociedade e seu grupo, comportamentos e técnicas, valores e ideologias podem ser apanhados através de sua história.

Segundo a mesma autora, História Oral é usada como estratégia de compreensão da realidade, pela interpretação do processo social a partir das pessoas envolvidas, na medida em que se considerem as experiências subjetivas como dados importantes que falam por meio delas e além delas: a história individual seria sempre uma especificação da história coletiva de seu grupo.

A História Oral pretende ser um campo multidisciplinar em que diferentes linhas de trabalho possam dialogar sobre maneiras de abordagem das entrevistas e trocar experiências (Meihy, 1998).

A apresentação de definições de História Oral, segundo diferentes autores, reforça nossa opção por esta técnica para o presente estudo, uma vez que:

- A história oral registra/expressa a experiência de um indivíduo ou vários indivíduos que participaram de um determinado acontecimento em um determinado período da vida; no nosso caso, registro da experiência de mulheres que ficaram grávidas, passaram pelo processo da gravidez e perderam o bebê (perda fetal).

- A história oral permitirá obter elementos para a compreensão da realidade socioestrutural, por meio das circunstâncias relatadas por essas mulheres e de seus relacionamentos com pessoas ou instituições durante a gravidez, que vão refletir a condição e inserção social dessas mulheres.

- A história oral permitirá, também, obter elementos para a apreensão do universo sociossimbólico dessas mulheres que vivenciaram o processo de gravidez até a perda do "bebê", o reconhecimento dos diferentes valores, crenças, relacionados com a gravidez, bem como o significado da perda dentro do universo de sua vida.

Segundo Brioshi e Trigo (1987), dentro da visão sociológica, o uso da história oral é amplo, podendo caracterizar-se por várias modalidades. Inicialmente, o relato de vida na sua mais livre e pura acepção, obtida por entrevista em que o pesquisador aborda o sujeito da forma mais livre possível, dizendo "fale de sua vida", e interferindo o mínimo possível. O material assim obtido é um discurso em que categorias, ordem cronológica e distribuição no tempo são dados pelo narrador.

Apenas com uma pequena variação, está a narrativa sobre um aspecto específico da experiência de vida do narrador, sejam as relações familiares, desde as paternais até as filiais, suas relações de trabalho, ou qualquer outro recorte na experiência vivida do indivíduo. É solicitada, no caso, uma narrativa sobre determinado aspecto ou período da vida do narrador, porém a mesma liberdade de criar categorias e temporalizar a narração é dada ao entrevistado.

Meihy (1998) identifica três modalidades de história oral:

- História oral de vida

- História oral temática

- Tradição oral

> Nas entrevistas da História oral de vida, as perguntas devem ser amplas, sempre apresentadas em grandes blocos, de forma indicativa dos acontecimentos e na sequência cronológica da trajetória do entrevistado (Meihy, 1998, p. 45).

> Uma das alternativas da história oral de vida é dar dimensões aos aspectos relevados pela percepção de outros registros: sonhos, expectativas, frustrações, fantasias, devem compor os eixos das entrevistas de histórias de vida (Meihy, 1998, p. 46).

Segundo o mesmo autor, a história oral temática tem características diferentes da história oral de vida, visto que detalhes da história pessoal do narrador interessam na medida em que revelam aspectos úteis à informação temática central.

Há, também, projetos temáticos que combinam algo de história oral de vida, e, nesses casos, o que se busca é o enquadramento de dados objetivos do depoente com as informações colhidas. Essa forma de história oral tem sido muito apreciada porque, ao mesclar situações vivenciais, a informação ganha vivacidade e sugere características do narrador. A tradição oral implica entrevista com uma ou mais pessoas vivas e remete a questões do passado longínquo, pelo que nós chamamos folclore e pela transmissão geracional, de pais para filhos ou de indivíduos para indivíduos.

Meihy (1998) considera que um bom projeto de história oral deve ser composto dos seguintes itens: tema, justificativa (que define os objetivos), definição da colônia, formação da rede, entrevista, transcrição, conferência, uso e arquivamento. A colônia é sempre o gênero do qual a rede é espécie. A definição da colônia, numa primeira instância, independe da separação de gêneros (mulheres/homens), idades (gerações), estado civil, padrões de vida econômica, ou outros detalhes que devem ser referidos nos critérios de definição da rede. A rede, por sua vez, é uma subdivisão da colônia e visa a parâmetros para decidir sobre quem deve ser entrevistado ou não.

Segundo o mesmo autor, sugere-se que se defina uma entrevista como "ponto zero", que seria aquela realizada com um depoente que conhecesse a história do grupo ou com quem se quer fazer a entrevista central. A entrevista deve ser vista como uma das etapas do projeto de história oral e deve ser composta de pré-entrevista, entrevista e pós-entrevista.

A pré-entrevista corresponde à etapa de preparação do encontro em que se dará a gravação, para que as pessoas tomem conhecimento do projeto e do âmbito de sua participação. A pós-entrevista é a etapa em que se prossegue a realização da entrevista ou das entrevistas, quando se procedem aos agradecimentos e se estabelece a continuidade do processo, para apresentação da transcrição e a conferência. A transcrição é a passagem da gravação oral para a escrita. Há pessoas que defendem a transcrição absoluta, que significa a passagem integral, completa dos diálogos e sons como eles foram captados. Esse posicionamento tem sido contestado por aqueles que prezam na história oral seu compromisso com o público.

> Uma das fundamentações da presença do entrevistador nas gravações é exatamente a apreensão de detalhes do encontro. Por esse conjunto de detalhes, assume-se que a entrevista deva ser corrigida e que o ideal é a manutenção

do sentido intencional dado pelo narrador, que articula seu raciocínio com as palavras... É lógico que o acervo fraseológico e a caracterização vocabular de quem contou a história devem permanecer indicados. Para tanto, faz-se necessário ouvir muitas vezes a entrevista até que se defina a música do relato. Depois de apreendido o ritmo da narrativa e a intenção, procede-se à transcrição que, numa primeira etapa, deve ser fiel ao acontecido (Meihy, 1998, p. 66).

Outra etapa da transcrição é a textualização. Nesta fase, suprimem-se as eventuais perguntas que, fundidas nas respostas, superam sua importância. O texto passa a ser dominantemente do narrador, que aparece como figura única, por assumir o exclusivismo da primeira pessoa. A textualização é feita a partir da definição de palavras-chave que servem para mostrar a incidência das ênfases dadas em algumas situações. Depois de grifar estas palavras-chave, devem-se extrair as idéias centrais contidas no texto. Nesta fase, convém assinalar, para futura exclusão, as repetições e os elementos dispensáveis na narrativa. A última etapa da transcrição é a transcriação. Evocando pressupostos e fundamentos de tradução, a transcriação se compromete a ser um texto recriado em sua plenitude. Com isso, afirma-se que há interferência do autor no texto e que este é refeito várias vezes, devendo obedecer a acertos combinados com o colaborador, que vai legitimar o texto no momento da conferência. A transcriação corresponde à finalização do texto, à sua versão pronta. Nos casos de análises complementares do projeto, em particular para as citações, é sobre esta versão que deve ser assumida a entrevista (Meihy, 1998, p. 67).

Segundo o mesmo autor, os textos autorizados podem ser utilizados integralmente, ou em parte, uma ou mais vezes, de acordo com os parâmetros definidos na carta de cessão, o que implica questões éticas de quem realiza a entrevista. Pela lógica, não são as palavras que interessam, e sim o que elas contêm. Como se tem claro que a entrevista de história oral existe para o público em geral, seria um equívoco supô-la para especialistas em linguística ou outra área.

Considerando os conceitos esclarecidos sobre as modalidades de História Oral, entendemos que a técnica utilizada neste estudo foi uma combinação de história oral de vida com história oral temática, visto que abarcou parte da vida das mulheres, abordando um tema comum, que foi o processo de gravidez até a perda fetal.

Seguimos os passos descritos de entrevista, transcrição, conferência, até o ponto de análise, conforme sugerido por Meihy (1998), com exceção da transcriação, uma vez que procuramos não mudar o relato da mulher, conforme transcrito da gravação, para que fosse o mais fiel possível, com vistas a facilitar a análise, conforme a proposta estabelecida.

Para a transcrição final das entrevistas, utilizamos as normas para transcrição segundo Preti (1997).

C.3 ANÁLISE DE CONTEÚDO

Para a análise dos relatos das mulheres, foram utilizadas as técnicas de Análise de Conteúdo. A escolha se fundamentou na busca de uma compreensão dos relatos dos sujeitos sociais entrevistados, por razões que preferimos serem apresentadas por alguns autores, que serviram de apoio para essa eleição.

Minayo (1994, p. 199) considera que a análise de conteúdo é a expressão mais frequentemente utilizada, na área da Saúde, para representar o tratamento de dados de uma pesquisa qualitativa.

De acordo com Bardin (1977, p. 42), a análise de conteúdo pode ser definida como:

> Um conjunto de técnicas de análise de comunicação visando obter, por procedimentos sistemáticos e objetivos de descrição do conteúdo das mensagens, indicadores (quantitativos ou não) que permitam a inferência de conhecimentos relativos às condições de produção/recepção (variáveis inferidas) destas mensagens.

Nesse sentido, para Minayo (1994, p. 203), esta técnica permite "ultrapassar o nível do senso comum e do subjetivismo na interpretação e alcançar uma vigilância crítica frente à comunicação de documentos", ou seja, busca "atingir um nível mais aprofundado: aquele que ultrapassa os significados manifestos".

Dentre as inúmeras técnicas de análise de conteúdo, utilizamos a análise temática por considerá-la mais adequada aos propósitos deste estudo, dada a diferenciação e complexidade do fenômeno investigado.

De acordo com Bardin (1977, p. 105), "o tema é a unidade de significação que se liberta naturalmente de um texto analisado segundo critérios relativos à teoria que serve de guia de leitura".

Dessa forma, segundo o mesmo autor, "Fazer uma análise temática consiste em descobrir os núcleos de sentido que compõem uma comunicação cuja presença ou frequência podem significar alguma coisa para o objetivo analítico escolhido" (Bardin, 1977, p. 105).

Unrug, citado por Bardin (1977, p. 105), afirma que:

> O tema é uma unidade de significação complexa, de comprimento variável, a sua validade não é de ordem linguística, mas antes de ordem psicológica: podem constituir um tema, tanto uma afirmação como uma alusão; inversamente, um tema pode ser desenvolvido em várias afirmações (ou proposições). Enfim, qualquer fragmento pode enviar (e reenvia geralmente) para diversos temas...

Bardin (1977) prossegue referindo-se à organização da análise, que pode ser compreendida em torno de três fases: a pré-análise, a exploração do material e o tratamento dos resultados obtidos e interpretação.

A pré-análise constitui a fase de organização propriamente dita e envolve a escolha dos documentos, a leitura flutuante, a formulação dos objetivos, a referenciação dos índices, a elaboração de indicadores e a preparação do material.

A exploração do material, de acordo com o autor, representa a fase em que são constituídas e administradas as técnicas sobre o corpo do trabalho.

A fase de tratamento dos resultados e interpretações consiste em operações estatísticas, síntese e seleção de resultados, inferências e a interpretação propriamente dita.

Para o presente estudo, utilizamos as duas primeiras etapas citadas por Bardin para a análise temática, quais sejam, a pré-análise e a exploração do material.

O tratamento dos resultados/achados foi realizado, em nosso estudo, a partir das categorias analíticas estabelecidas com as duas pesquisas exploratórias realizadas. Esta etapa constituiu-se de dois momentos:

    a. (re)conhecimento dos núcleos de sentido que compõem o relato dos sujeitos da pesquisa a partir das categorias analíticas, buscando as ideias principais e as expressões-chave do conteúdo das entrevistas;

    b. estabelecimento de relações que os vários elementos do texto podem manter entre si.

Assim, para o presente estudo, procedemos, nesta fase, ao estabelecimento das correlações, associações possíveis entre o conteúdo das categorias temáticas, objetivando uma análise das relações a partir da releitura transversal e da identificação de possíveis significados entre as temáticas selecionadas. Em outros termos, buscamos as articulações entre o objeto central de análise – significado da perda fetal – e o contexto dessa perda.

Para um estudo preliminar, em nível metodológico, foi realizado, como citamos, duas entrevistas exploratórias. "Ponto Zero", para uma aproximação maior da história das mulheres que vivenciaram a perda fetal para obter subsídios à realização dos passos propostos. Extraímos algumas categorias de análise que possibilitaram direcionar melhor as entrevistas posteriores e a forma de organização de resultados.

As entrevistas foram transcritas inicialmente com a passagem completa da gravação oral para a escrita, e, posteriormente, foi realizada a transcrição do texto para análise.

Nesse sentido, foi realizada uma leitura flutuante das entrevistas "ponto zero", e, após uma leitura horizontal e vertical, identificamos em suas histórias diferentes momentos do processo gravídico e as diversas circunstâncias vivenciadas pelas mulheres. Dessa maneira, foram selecionadas, preliminarmente, as seguintes categorias analíticas para o estudo:

- A descoberta da gravidez.

- As mudanças sentidas no corpo.

- A reação com a perspectiva da vinda do nenê.

- As circunstâncias de vida durante a gravidez.

- Os problemas de saúde na gravidez.

- As circunstâncias da perda fetal.

- As reações logo após a perda.

- O que ficou de lembrança do nenê.

- O significado da perda.

- O acesso aos serviços públicos de saúde.

Reconhecemos que os procedimentos metodológicos explicitados neste capítulo representam um dos percursos escolhidos, dentre outros possíveis. Temos consciência da limitação do rumo adotado neste trabalho e clareza de que não serão esgotadas todas as possibilidades na compreensão do significado da perda fetal para as mulheres que vivenciaram esse problema.

Mesmo assim, partimos do pressuposto de que este caminho poderia estar sendo (re)construído durante o desenvolvimento deste trabalho, na tentativa de buscar uma aproximação cada vez maior da realidade vivenciada por essas mulheres.

Ao elegermos mulheres com essa experiência vivida, pressupomos que esta (experiência) desencadearia processos singulares em suas vidas, não deixando de expressar, ao mesmo tempo, processos sociais mais amplos.

D. CENÁRIO DE ESTUDO

As mães participantes da pesquisa foram identificadas a partir dos atestados de óbito de nascidos mortos obtidos no Cartório de Registro Civil do Município de Arujá, no período de julho de 1998 a junho de 1999.

O estudo foi realizado a partir de entrevistas com mulheres residentes no município que tiveram perda fetal no período citado.

As entrevistas foram realizadas nos domicílios, após a concordância dessas mulheres em participar da pesquisa, mediante a assinatura do "Termo de Consentimento livre e esclarecido".

Na presente pesquisa, a técnica utilizada foi a História Oral, por se apresentar apropriada para captar as questões que pretendemos estar aprendendo no âmbito do problema vivido pelas mulheres do estudo.

Decidi realizar o estudo em Arujá, em razão de ser o município em que morei com minha família desde os 10 anos de idade e por ter sido um dos primeiros locais de trabalho, em minha carreira de médica sanitarista.

Quando, em 1979, iniciei a atividade de médica chefe no Centro de Saúde de Arujá, este era o único serviço público de saúde no município e contava apenas com um médico clínico, que também era o diretor do único hospital da cidade, ligado a um serviço de medicina de grupo.

As atividades do Centro de Saúde restringiam-se à vacinação, distribuição de leite para crianças e de suplemento alimentar Gestal para as gestantes. Contava com uma escriturária, uma atendente de enfermagem e não havia nenhum funcionário para limpeza, nem telefone. A unidade de saúde não desenvolvia nenhum tipo de atendimento médico, servia apenas para realizar todos os exames laboratoriais de pacientes atendidos no hospital.

As primeiras medidas tomadas foram: solicitar um funcionário para a limpeza junto à Prefeitura, no que fomos atendidos prontamente; solicitar junto ao Distrito Sanitário de Guarulhos um telefone e outros recursos humanos, incluindo mais um médico, e, de imediato, assumimos o atendimento pré-natal de todas as gestantes que procuravam o Centro de Saúde.

Atualmente, a unidade é um Centro de Especialidades Médicas que conta com vários médicos especialistas, enfermeiro, psicólogo, assistente social e foi municipalizado pela Prefeitura de Arujá em 1999.

O município de Arujá situa-se na região leste da Grande São Paulo, ocupando uma área de 96 km², sendo cortada pela Rodovia Presidente Dutra; desenvolve atividades industriais, de serviços e comércio, além de pequena atividade de hortifruticultura e plantação de flores, contando ainda com condomínios fechados e chácaras de recreio. Quanto ao Saneamento Básico, apresenta cobertura de 81,8% de abastecimento de água e não conta com rede de esgoto.

Segundo dados da Fundação Seade, em 1997, o município contava com uma população de 53.088 habitantes, caracterizando-se por apresentar uma população jovem. Quanto à educação, em 1991, apresentava uma taxa de analfabetismo de 13,7%; 3 e 5 anos foi o número médio de anos de estudo do chefe do domicílio. Nesse mesmo ano, o rendimento do chefe da família até 2 salários-mínimos representava 31,2 % da população; entre 2 e 5 salários, 34%; e acima de 5 salários, 18%. Dezesseis por cento dos chefes de família não apresentavam qualquer rendimento.

Segundo informações da Secretaria de Estado da Saúde de São Paulo (1996), a taxa de mortalidade infantil para o município no ano de 1996 foi de 37,0 por mil nascidos vivos, com uma mortalidade neonatal de 31,0 por mil nascidos vivos (sendo a neonatal precoce de 28,7 e a neonatal tardia de 2,27 por mil nascidos vivos) e mortalidade pós-neonatal de 6,0 por mil nascidos vivos.

A taxa de natimortalidade foi de 15,6 por mil nascimentos e a mortalidade perinatal de 44,4 por mil nascimentos no mesmo ano.

O município de Arujá foi incluído pela Secretaria de Saúde de São Paulo, em 1996, no "Ranking" da Mortalidade Infantil, constando entre os 20 primeiros municípios com coeficientes acima do valor do estado, 22,7 óbitos por mil nascidos vivos e com mais de 500 nascidos vivos no estado de São Paulo.

Quanto aos serviços de saúde, contava em 1997 com 3 Unidades Básicas de Saúde Municipais, 1 Pronto Socorro Municipal e 1 Hospital Geral particular com 105 leitos, sendo que apenas 17 leitos eram conveniados com o SUS: 3 para cirurgia, 4 para obstetrícia, 7 para clínica médica, 1 para pediatria e 1 para psiquiatria.

CAPÍTULO III

O ENCONTRO COM AS MÃES

Conforme o exposto nos procedimentos metodológicos, os sujeitos da pesquisa foram identificados a partir dos atestados de óbito de nascidos mortos obtidos no Cartório de Registro Civil do Município de Arujá, no período de julho de 1998 a junho de 1999. O estudo foi realizado a partir de entrevistas com mulheres residentes no município que tiveram perda fetal nesse período, mediante seu consentimento livre e esclarecido.

Foram registradas 15 mulheres residentes no município que tiveram perda fetal no período de estudo e que foram procuradas para serem convidadas a participar do presente estudo.

De um total de 15 mulheres identificadas, 11 foram localizadas. Destas 11 mulheres, 7 foram entrevistadas, enquanto 4 não o foram, por motivos diversos[1].

Para a realização das entrevistas com essas mulheres, encontramos algumas dificuldades operacionais, dentre estas, endereços de difícil localização devido à inexistência de numeração das casas, principalmente por se tratar de mulheres que residiam em bairros periféricos da cidade.

Para a localização, um fato chamou atenção, a partir do que se tornou mais fácil a tarefa: perguntando em um ponto comercial próximo, ninguém sabia indicar quando se tratava do número da residência, mas quando era apresentado o nome, a pessoa era sempre conhecida, e a indicação era precisa. Isso mostrou bem claramente a noção do bairro com um sentido de comunidade, onde as pessoas se conhecem.

Outra dificuldade foi no sentido de encontrar a mulher em sua residência, pois algumas trabalhavam, e não foi fácil conseguir a entrevista, com muitas idas e vindas. Outras mulheres não foram encontradas, pois tinham mudado de cidade. Alguns endereços de zona rural foram impossíveis de ser localizados, pois não havia pontos de referência, inviabilizando a realização da entrevista.

---

[1] Motivos para não realização da entrevista: das 4 mulheres, 2 não compareceram ao local marcado, embora tivessem sido visitadas em suas residências por três vezes; uma havia mudado de cidade e apenas uma mulher não concordou em participar da pesquisa.

A. PERFIL DAS MULHERES

Das sete mulheres entrevistadas, três delas tinham idades que variavam até 20 anos (17, 19 e 20 anos); as demais tinham entre 28 e 36 anos (28, 34, 35 e 36).

Do grupo, apenas três desenvolviam atividade fora de casa: uma era professora primária; outra, doméstica, no momento desempregada; e a terceira, vendedora de flores, também desempregada por ocasião da entrevista.

A escolaridade de seis delas era o primeiro grau incompleto, apenas uma tinha o nível secundário.

A renda familiar mensal das mulheres variava entre dois e quatro salários mínimos.

Quanto à situação conjugal, cinco delas tinham companheiro, duas estavam sozinhas, no momento da entrevista.

Dos antecedentes pessoais com relação à saúde, três delas não referiam doença anterior, duas referiam pressão alta na gravidez, uma referia ter tido tuberculose, e uma era paraplégica, em decorrência de paralisia infantil.

No tocante aos antecedentes ginecológicos e obstétricos, cinco mulheres tiveram gravidezes anteriores e filhos vivos; uma mulher, apesar de ter tido quatro gravidezes, tinha perdido todos os filhos; e, finalmente, uma mulher relatou que era sua primeira gravidez.

Em respeito à preservação do anonimato, atribuímos nomes fictícios às participantes do presente estudo. Doravante, serão identificadas pelos seguintes nomes: Mariana, Marilsa, Alzira, Ane, Rosângela, Cristina e Antônia.

Para melhor visualização do perfil dos sujeitos deste estudo, apresentamos três quadros, que reúnem dados relativos a cada um deles: Identificação e alguns dados sociodemográficos; Histórico Obstétrico; Data da perda fetal, data da entrevista e tempo de perda.

Quadro 2 – Identificação e alguns dados sociodemográficos

ENTREVIS-TADA	IDADE	ESCOLARI-DADE	SITUAÇÃO CONJUGAL	RENDA EM SALÁRIO MÍN.
Mariana	36 anos	Secundário Completo	Casada c/comp.	4
Marilsa	34 anos	Primário	Casada c/comp.	2
Alzira	35 anos	Primário	Casada c/comp.	4
Ane	28 anos	Primário	Solteira s/comp.	2
Rosângela	20 anos	Primário	Casada c/comp.	4
Cristina	19 anos	Primário	Casada c/comp.	2
Antônia	17 anos	Primário	Solteira s/comp.	2

Fonte: entrevistas

Quadro 3 – Histórico obstétrico

ENTREVIS-TADA	NÚMERO GESTA-ÇÕES	NÚMERO FILHOS NASCIDOS VIVOS	NÚMERO FILHOS NASCIDOS MORTOS	NÚMERO FILHOS VIVOS	IDADE DA GESTAÇÃO NA PERDA FETAL
Mariana	3	2	1	2	6 meses e meio
Marilsa	7	6	1	6	8 meses
Alzira	2	1	1	1	8 meses
Ane	5	4	1	4	9 meses
Rosângela	2	1	1	1	7 meses
Cristina	4	3	2	0	6 meses
Antônia	1	0	1	0	8 meses

Fonte: entrevistas

Quadro 4 – Data da perda fetal, data da entrevista e tempo de perda

ENTREVISTADA	DATA DA PERDA	DATA DA ENTREVISTA	TEMPO DE PERDA
Mariana	28/8/1998	30/8/1999	12 meses 3 dias
Marilsa	27/8/1998	24/9/1999	12 meses 28 dias
Alzira	23/3/1999	27/9/1999	6 meses 5 dias
Ane	12/1/1999	18/10/1999	9 meses 8 dias
Rosângela	13/6/1999	25/10/1999	4 meses 13 dias
Cristina	13/2/1999	29/10/1999	8 meses 14 dias
Antônia	17/4/1999	5/11/1999	6 meses 18 dias

Fonte: atestado de óbito e informações coletadas em entrevista

B. O ENCONTRO

Após a localização da casa, no contato inicial com cada sujeito da pesquisa, expusemos os objetivos do trabalho e o caráter de participação voluntária da pesquisa, mediante a assinatura do Termo de Consentimento Livre e Esclarecido. Explicamos sobre a entrevista e a necessidade da gravação, e combinamos dia e horário para a sua realização.

Foi surpreendente verificar a aquiescência imediata da maioria das mulheres, já no primeiro encontro, em participar do estudo.

O ambiente de todas as casas era muito simples: construídas em alvenaria, algumas com bloco à vista, sem acabamento, 4 delas tinham 2 cômodos e banheiro e as outras 2, 4 cômodos e banheiro. Uma entrevista foi realizada em um barzinho da irmã, por escolha da entrevistada.

Na parte inicial da pesquisa, procedemos à identificação, conforme o roteiro de entrevista adotado, e, em seguida, à gravação do relato sobre a sua gravidez.

Tivemos o cuidado para que cada entrevistada se expressasse livre e espontaneamente, procurando não interferir, durante o relato. Quando parava de falar, solicitamos informações complementares ou esclarecimentos, segundo as categorias já identificadas anteriormente nas entrevistas ponto zero. Sempre deixávamos que a entrevistada esgotasse o assunto.

Muitas vezes, havia uma pausa, ficava um silêncio, que respeitávamos, e aguardávamos, por instantes; percebemos que, após o silêncio, a entrevistada relatava alguma coisa mais elaborada, que vinha de dentro e com muita emoção e, não raras vezes, em forma de choro.

À medida que a entrevista transcorria, dava a impressão de que essas mulheres tornavam presentes as lembranças de todo o processo, revivendo-o com a mesma emoção daquele momento passado, como se fosse um filme.

O que mais nos chamou atenção em todos os encontros, sem exceção, foi o tom de sofrimento revelado por essas mulheres, em relação ao qual tivemos que fazer um esforço para nos contermos e não extravasarmos a emoção que tomava conta de nós, em muitos momentos, como um processo de identificação com o sofrimento dessas mulheres, pela perda do bebê.

Outro fato, também marcante, foi observar que o sofrimento era independente do tempo da perda. A primeira entrevistada tinha um ano de perda, e a sua emoção, o seu choro eram como se tivesse perdido naquele dia seu bebê.

Causou-nos indignação o contido na maioria dos relatos de atendimento médico prestado às mulheres do estudo, indicando a falta de sensibilidade da maioria dos médicos no relacionamento com essas mulheres, naquele momento tão difícil de sua vida, em especial quando de sua internação no hospital.

Percebemos que a maioria das mulheres gostou de participar da entrevista, e foi dito até por uma delas que nós, naquele dia, tínhamos sido sua psicóloga, pois ela nos teria dito coisas que, até então, não teria dito a ninguém. Acreditamos, mesmo, que a maioria delas, talvez, nunca tivesse contado a sua história inteira para ninguém.

Assim, percebemos que o sofrimento dessas mulheres era solitário e silencioso, só elas sabiam o que tinham perdido, pois somente elas sentiram, perceberam e esperaram seu bebê. Nem mesmo o marido podia entender, ninguém entendia a sua dor.

CAPÍTULO IV

RECONHECENDO AS EXPERIÊNCIAS

A análise dos relatos das mulheres foi baseada em categorias, as quais agrupamos em dois momentos, visando a melhor compreensão do estudo, a saber:

A. CONTEXTO CIRCUNSTANCIAL DA GRAVIDEZ

Considera os relatos do processo de gravidez até a perda, incluindo o atendimento ao parto. Consideramos, aqui, as categorias:

- **Percepção da gravidez**
- **A vinda do nenê**
- **Os problemas de saúde até a perda**
- **O atendimento do serviço de saúde**

B. IMPACTO SOBRE A PERDA

Considera os relatos do processo vivido pelas mulheres depois da perda, desde o momento de sua chegada em casa sem o bebê até o momento da entrevista. Consideramos as categorias:

- **Reações após a perda**
- **A lembrança do nenê**
- **O significado da perda**
- **Redes sociais de apoio**
- **Mensagem para mulheres**
- **Perspectivas**

C. CONTEXTO CIRCUNSTANCIAL DA GRAVIDEZ

C.1 PERCEPÇÃO DA GRAVIDEZ

Nesta categoria observamos dois tipos de reações; a primeira tem caráter de fato inesperado. Nestas mulheres a percepção da gravidez girou em torno de 3 a 5 meses. A confirmação foi dada pelo médico do serviço de saúde.

> Na realidade, eu estava no [hospital] fazendo um processo de exames por suspeita de um cisto de ovário. Na realidade o médico constatou que eu estava grávida... que eu não tinha cisto... e foi um momento muito feliz para mim. Eu estava com quase três meses de gravidez ... a menstruação vinha normal.
>
> Eu estava fazendo tabelinha, mas de repente eu não fiz corretamente... a tabelinha é muito difícil... acho que é um dos riscos maiores que tem para ficar grávida (Mariana).
>
> Eu fiquei admirada, porque eu achei que não era gravidez, que era infecção no útero, e ele [o médico] falou que eu estava grávida de três meses, daí tive que... enfrentar essa situação (Ane).
>
> Foi inesperado, eu não sabia... depois fui passar no médico eu estava com 5 meses... Só que eu não estava esperando esse filho... eu não estava esperando... mas eu tive que ter. Eu sabia que estava atrasado, mas eu não pensava que era gravidez (Antônia).

Pelo relato apresentado, observamos que, para essas mulheres, a gravidez foi um fato inesperado. Aqui nos deparamos com mulheres em circunstâncias distintas: o primeiro relato, de Mariana, era a história de uma mulher casada, para quem o método anticoncepcional havia falhado e sua menstruação ainda era regular; o segundo, de Ane, mãe solteira, mas que já tinha outros filhos; e o terceiro, de Antônia, adolescente solteira, que tinha ficado grávida pela primeira vez.

Percebemos que, apesar de a gravidez ter sido inesperada para todas, a reação quanto à vinda do nenê foi bem distinta entre as solteiras e a casada.

> Na realidade o médico constatou que eu estava grávida... que eu não tinha cisto... e foi um momento muito feliz para mim (Mariana).

> *Eu estava grávida de três meses, daí tive que... enfrentar essa situação* (Ane).
>
> *Eu estava com 5 meses... Só que eu não estava esperando esse filho... eu não estava esperando..., mas eu tive que ter* (Antônia).

A reação de Ane e Antônia, solteiras, transparece uma certa contrariedade quanto à confirmação da gravidez, ao passo que a primeira, casada, revela um ar de felicidade.

Em outro grupo de mulheres, já observamos outro tipo de reação quanto à percepção da gravidez, a partir da presença de sintomas concretos, reais, tais como: atraso menstrual, mudanças no corpo, enjoo, dor de cabeça etc.

> *Perceber é fácil, porque para mim nunca atrasa, e atrasou uma semana, para mim já é sinal de gravidez... Eu sempre tomei os remédios direitinho, mas acontecia já três gravidez, mesmo eu tomando remédio eu ficava grávida* (Marilsa).
>
> *Eu desconfiei que estava grávida... eu fui [no Posto] passei no clínico geral fiz exame e eu estava grávida... eu acho que estava com três meses... A gente sente o corpo se modificando, eu fui engordando... a menstruação não veio mais. Eu estava tomando Perlutan... fiquei grávida tomando a injeção...* (Alzira).
>
> *Eu descobri por que a menstruação faltou para mim ... tinha muito enjoo, muita dor de cabeça.... Fiz o pré-natal lá no postinho, estava grávida de três meses já. Fiquei grávida depois de três meses do primeiro parto que foi cesárea* (Rosângela).
>
> *Percebi que estava grávida porque a menstruação parou, não veio um mês, fui fazer exame e deu que eu estava grávida de um mês e pouco...* (Cristina).

Nesse grupo, a percepção da gravidez foi mais precoce – antes dos três meses –, e reconhecida por elas mesmas.

Entre todas as mulheres do estudo, reconhecemos dois tipos de percepção: a autopercepção e a percepção do outro. Interessante observar que, embora as reações de percepção de gravidez tivessem sido distintas, a concepção de uma gravidez planejada, programada não estava presente para a maioria delas; a reação de insatisfação com a gravidez, exatamente como algo que não fazia parte do projeto de vida das entrevistadas, naquele momento, foi mais observada nas mulheres solteiras do que nas casadas.

Ao considerar a gravidez como processo, é sabido que as reações de mulheres podem ir-se modificando ou se fortalecendo após o primeiro impacto da percepção e confirmação da mesma. Por essa razão, procuramos reconhecer as reações dessas mulheres diante da expectativa da vinda do nenê, em momento posterior àquele.

C.2 A VINDA DO NENÊ

Nesta categoria, também pudemos observar dois tipos de reação polares: de um lado, de felicidade; de outro, de rejeição. Um grupo de mulheres disse ter ficado muito feliz com a notícia da vinda do nenê, desejando muito a chegada dele. Esse grupo era constituído de mulheres casadas, e os motivos da felicidade eram vários, como dá para perceber a partir das falas seguintes:

> *Foram seis meses e meio de muita alegria, sabe, porque descobrindo que eu estava grávida depois de tanto tempo... eu fiquei feliz, realmente eu fiquei feliz* (Mariana).
>
> *Eu queria... eu queria... queria demais. Ia ser a última, tanto eu queria, com o meu esposo queria ... queria até demais. Tá tudo aí comprado aí no quarto... era o meu sonho era ter e ia ser o último... Eu gosto muito de criança, ia ser o último, meu marido ia operar...* (Alzira).
>
> *Eu já tive seis porque eu sempre fui tentando. Do primeiro eu não queria porque eu era solteira, por causa do meu pai (risos). Eu queria o nenê, o meu marido também ele é doido por criança.* (Cristina).
>
> *Só que quando eu soube que estava grávida dele, que eu mesmo desconfiei com uma semana... eu já o sentia muito especial. Daí, o que eu não fazia para os outros assim ter aquele entusiasmo, aquela esperança de ter, eu tinha por ele ... incrível, mas era o meu sétimo, mas era o mais esperado de todos...* (Marilsa).

Para outro grupo de mulheres, cuja reação foi de rejeição, desespero, reconhecemos em suas histórias as circunstâncias de vida que as envolviam naquele momento, em que a gravidez parecia não lhes ser interessante.

> *Foi por acaso que eu fiquei grávida, eu não queria, mas... depois que eu fiquei grávida eu queria o nenê...*
>
> *Fiquei grávida depois de três mês do primeiro parto que foi cesárea... Fiquei preocupada porque eu desse jeito, logo depois*

> *de operada... O médico chamou meu marido e falou que eu não podia ficar grávida tão cedo...* (Rosângela).
>
> *Eu fiquei desesperada, para mim não era gravidez. O médico falou ainda para mim, ainda brincou comigo o médico do Barreto, é do Espírito Santo?*
>
> *Não, é de um homem, ainda brinquei com ele. Ele falou, você está branca, amarela, por favor, não vai desmaiar aqui não, pelo amor de Deus.*
>
> *Inclusive na hora que eu vinha para casa, quase que fui atropelada por um carro. Se não fosse a minha prima me puxar, eu ia entrar debaixo do carro, porque eu fiquei nervosa, nossa senhora. Mas também quando eu perdi o nenê, também para mim foi... uma coisa, porque eu queria o nenê* (Ane).
>
> *Quando fiquei sabendo, eu não estava querendo, eu fiquei um tempo sem... eu fiquei assim... não sabia o que fazer, mas depois eu acabei aceitando...*
>
> *Ele ficou sabendo, mas ele não acreditava que era dele... (choro) ... depois a criança morreu ele veio perguntar... (choro) ... Eu sabia que a criança era dele, ele também sabia, só que ele não admitia que era dele; ele sabia que era dele só que ele queria dizer que não era para se livrar ... A mãe dele não aceitava também ... (choro) ..*
>
> *Aí ele não chegava em mim, não perguntava como eu estava nem nada eu falei vou ter que assumir sozinha, já que ele não quer nada ... (choro) ...eu não vou ficar nervosa nem nada e vou assumir meu filho sozinha, se ele nascer, eu me viro, eu trabalho, faço alguma coisa para sustentar ele, porque o pai não quer sustentar, o que eu posso fazer, não vou obrigar ele... só fiquei na minha.. (choro) ... Eu nunca pensei em tirar, eu falei, vou ter e fazer de tudo para ter ele e cuidar dele bem... (choro) ... Ia entrar na justiça para o pai dele dar pensão... ia até fazer o exame de DNA para ver ...ia porque a mãe dele falou que se não fosse dele, ela ia me processar e tudo...* (Antônia).

Quando analisamos os relatos, reconhecemos nas três mulheres – Rosângela, Ane e Antônia – um sentimento contraditório de rejeição/aceitação da gravidez: em um primeiro momento, rejeição acompanhada de justificativas, e, em momento posterior, desejo de ter o nenê.

Rosângela, casada, apresentou a preocupação com o risco à sua saúde, face à recente cesárea. Ane, mãe solteira, disse ter ficado desesperada, ter ficado desorientada, quando recebeu a notícia da gravidez, a tal ponto de quase ter sido atropelada; Antônia, adolescente e solteira, segundo o seu relato, todo entremeado de choro, ficou muito nervosa e indignada, dado que o namorado se recusara a assumir a paternidade, ao saber da gravidez, o que a fez decidir-se por assumir, sozinha, o prosseguimento da gravidez, e, posteriormente, recorrer à justiça, para exigir seus direitos.

Fica bastante marcante neste grupo que, apesar do sentimento de rejeição inicial ser comum às três mulheres, as reações mais contundentes foram apresentadas pelas solteiras.

Quando cotejamos os dois grupos de mulheres, verificamos que o grupo das casadas parece aceitar a gravidez com mais naturalidade e satisfação exteriorizada, com exceção de Rosângela, que demonstrou preocupação com sua saúde.

Ao nos reportarmos à literatura sobre o tema de maternidade e gravidez, pudemos compreender os achados de nosso estudo, em relação às reações distintas entre mulheres casadas e solteiras diante da maternidade.

Segundo Paim (1988, p. 31),

> A gravidez e a maternidade são temas antropologicamente relevantes, uma vez que não se esgotam apenas como fatos biológicos, mas abrangem dimensões que são construídas cultural, social, histórica e afetivamente. A gravidez processa-se no corpo das mulheres, porém como outros acontecimentos do mesmo tipo, tem significados construídos com base na experiência social.

Nesse sentido, continua a autora, entende-se que gravidez e maternidade não devam ser fenômenos estudados isoladamente, e sim integrados aos sistemas de valores mais amplos dos grupos populares.

Assim, conclui:

> A gravidez e a maternidade, em particular, e os eventos corporais, em geral, não são apenas indícios do desempenho de uma atividade biológica, ou seja, natural. Constituem também eventos culturais: são submetidos a uma construção simbólica que se impõe aos indivíduos (Paim, 1988, p. 33).

Assim,

> [...] a sensibilidade, os sentimentos e os afetos, tomados como dados naturais, ou biológicos, têm sido objeto de estudo das áreas humanas, com o intuito de demonstrar as dimensões sociais, históricas e culturais destes fenômenos (Paim, 1988, p. 32).

Ariès (1978), em seu minucioso trabalho sobre família e a criança, refere-se à construção social do significado de família. Descreve que a família se transformou substancialmente a partir das mudanças no relacionamento com a criança. Observou que a família do século XVII "[...] começa a ter como um dos seus traços fundamentais, a ternura e intimidade ligando pais e filhos, e posteriormente, a exaltação do amor materno, de enorme importância para a criação do sentimento de família" (Aries, 1978, p. 185).

Segundo Brioshi e Trigo (1989), casar possui um sentido simbólico, "somente a partir dessa união a mulher obtém o espaço material e simbólico para viver a condição inerente ao sexo feminino" (p. 53).

Para essas autoras, o casamento, por meio de aliança formalizada ou não, representa, para a vida das moças, o passo necessário para o ingresso na vida adulta, para o desenvolvimento pessoal e para a legítima participação na sociedade. Em seu trabalho, entrevistando mulheres pobres, pertencentes à classe trabalhadora, aparece uma representação do casamento como uma solução para a precariedade material em que vivem.

Stasevskas (1999), por sua vez, em seu trabalho sobre o tema maternidade, considerou que o sentimento que provoca a falta de um companheiro parece denunciar uma insegurança em assumir o modelo de família constituída de mãe e filho como um modelo real e viável.

Assim, para as mulheres da nossa pesquisa, o fato de terem *status* de solteiras, de não terem um companheiro estável e a reação de rejeição demonstrada podem estar relacionados com a construção social do casamento e do modelo de família idealizados.

A reação contraditória encontrada nas mulheres solteiras de nosso estudo, de rejeição/desejo, encontra suporte em outros estudos, dentro do tema, remetendo à construção cultural, social e simbólica da maternidade.

Stasevskas (1999), em seu trabalho, revela que "No contexto do discurso, a mãe que abandona (que rejeita/nega) é exatamente aquilo que a descaracteriza enquanto mãe, é a não-mãe... (p. 96). Em outros termos, a ideia subjacente da mãe que abandona seu filho, da mãe que é não mãe significa, de acordo com a autora, negar um componente fundamental da identidade feminina e, consequentemente, da própria identidade, isto é, ser mulher. Essa autora descreve o relato de uma mãe entrevistada que, no momento de sua gravidez, também manifestou o sentimento de rejeição, devido a conflitos com a sua família, mas que, passado esse momento, percebeu não ser esse o seu desejo.

Santos (1998) discute, em artigo, os motivos que impossibilitam muitas mães de manterem ao seu lado o filho, ao mesmo tempo, a pressão social para que as mães assumam seus filhos, não obstante o descaso das políticas sociais a esse respeito. Para a autora, essa pressão tem, por trás, um discurso moralizador que cobra um perfil idealizado de mulher.

A análise do material, segundo essas duas categorias, conduz-nos, novamente, aos conceitos de circunstância de Ortega y Gasset, ou seja, a ideia de que, para cada uma dessas mulheres havia uma circunstância de vida em que essa gravidez se circunscreveu, e, tão logo foi percebida, provocou, naquele momento, algum tipo de sentimento em relação a ser mãe. Esse sentimento, condicionado por uma carga social, cultural e simbólica, traz as representações daquele momento, com a sua circunstância – ser casada ou ser solteira, ter ou não um companheiro, enfim, uma família –, revelando, também, como as mulheres se manifestam em relação ao seu papel de mãe, dentro dos conceitos aceitos por seu grupo social.

C.3 OS PROBLEMAS DE SAÚDE ATÉ A PERDA

As histórias de perdas, contadas pelas mulheres do estudo, detalham o processo até o desenlace, destacando problemas de saúde que tiveram que estar enfrentando. Por essa razão, esta categoria foi construída, para apreender e compreender como foi a percepção dessas mulheres a respeito.

> *Só que aconteceu o seguinte..., quando eu estava com seis meses e meio, eu comecei a perceber que na realidade eu estava muito gorda, percebi que meus pés começaram a inchar. Eu passei aqui no Pronto Socorro... o médico falou que eu estava precisando tomar o remédio [Aldomet], porque eu estava com a pressão alta... quando eu falei para o meu ginecologista, que o bebê não mexia ele me internou imediatamente* (Mariana).

> *No oitavo mês o médico me internou... devido às dores na perna... e as minhas pernas começou inchar bastante, e ele ia*

me internar para repouso no Hospital. Eles estavam dando os medicamentos normal, me faziam exame, mas eu estava sentindo que o nenê estava parando de mexer... mas eles são médicos e diziam que não... que era coisa da minha cabeça. Eu comecei ter sangramento dentro do hospital ...e ele falou que era normal sangrar devido os medicamentos que eu estava tomando.

Fui internada na quarta-feira mesmo e quinta-feira ele morreu na barriga, dentro do hospital... morreu na mão dos médicos, por incrível que pareça.... (Marilsa).

A única coisa que eu sentia era dor, muita dor de cabeça... constante... E sentia aquela moleza no corpo... Qualquer coisinha, estava agitada... Aí depois veio ele (outro filho) e adoeceu de repente... de um cachorro-quente que ele comeu lá no posto mesmo, onde eu ia fazer o pré-natal. Chegou em casa, já foi logo com febre, corri para o Pronto Socorro, com uma barrigona, joguei ele nos braços. Meu esposo estava trabalhando... eu acho que misturou tudo isso... eu fiquei nervosa... deu febre... ele vomitou muito.

Aí, depois disso o nenê parou de mexer (Alzira).

Eu sentia 'cãibra' na perna... desceu sangue também. Eu falei para o médico, mas ele não acreditava, eu acho, porque ele falou que eu estava de 7 meses ainda... Foi assim, eu perdi um pouco de sangue, ele falou que era normal... e eu já estava de 9 meses já. Depois no dia que eu fui que ele viu que eu estava ruim que o nenê não estava mexendo... ele até ficou com medo de fazer minha cesárea porque ele viu que estava já... (Ane).

A gravidez foi bem, sem problema até o sétimo mês, quando me deu vontade de chupar cana, aí me deu uma agonia, vontade de vomitar, daí o nenê parou de mexer... Eu tive tontura, acho que a pressão ficou alta ou baixa sei lá...

Passou três dias, meu marido me levou no médico, e o médico foi escutar o nenê, e falou que só estava escutando a placenta, não estava escutando o coração não... aí ele pediu o ultrassom ...e deu que ele estava morto há uma semana (Rosângela).

Essa gravidez... eu fiz pré-natal tudo certinho, mas o médico já me avisou... ele falou que era de risco, chamou meu marido, tudo, porque era gêmeos, os nenês estavam bem.

Tive infecção na urina. A gravidez toda passava mal, tinha febre, tomava remédio. Cheguei a ficar internada umas três vezes. Ficava uns três dias lá, chorava, queria vir embora, ficava ruim de novo da infecção, voltava para o hospital.

Depois até que eu melhorei mais. Fiquei tomando remédio em casa para infecção, oito comprimidos, fora o Buscopan... o remédio para segurar o nenê. Com uns 5 meses começou as contrações, eu fazia repouso. Ele falou, só fica deitada, só se levanta para comer e tomar banho, mesmo assim... deu 6 meses eu perdi de repente, sem eu fazer nada. Eu estava dormindo, na hora que eu acordei, já estava aquela dor, comecei passar mal e fui para o hospital (Cristina).

Com oito meses, eu comecei sentir dor, dilatação em casa, aí eu corri para o hospital. Quando eu cheguei lá, já era tarde, o médico perguntou o que eu estava sentindo em casa, eu falei que estava sentindo dor, dilatação, estava sangrando... aí ele falou que eu tinha que ir antes, eu fui muito tarde, que a criança estava falecida, que ele não tinha certeza, que não estava conseguindo escutar, depois ele falou que estava morta mesmo, que tinha que correr para sala de parto e fazer, a criança estava morta, não tinha o que fazer... Eu percebi que tinha parado de mexer no dia que eu fui ao médico... (Antônia).

Esses relatos descrevem os problemas de saúde percebidos durante a gravidez e que as levaram à procura do serviço de saúde. A evolução dos problemas de saúde descritos permite reconhecer dois momentos sequenciais: o primeiro, em que os sintomas explicitados foram inchaço, dores nas pernas, sangramento, febre, dor, tontura, vômito; o segundo momento, em que a maioria delas afirmou terem percebido que o nenê tinha parado de mexer.

Para essas mulheres, essa percepção — o nenê tinha parado de mexer — representou o momento crucial da morte de seu filho. Esse acontecimento transcorreu entre o segundo e o terceiro trimestre da gravidez.

Pelo exposto, seis, dentre as sete mulheres, tiveram problemas físicos concretos, percebidos por elas e que antecederam à perda do nenê. Uma delas citou problemas de ordem emocional – nervoso – depois da doença de um filho, após o que teve perda fetal.

Embora tenhamos apresentado os problemas de saúde percebidos pelas mulheres, em dois polos, físico ou emocional, reconhecemos, entretanto, que esses aspectos estão intimamente relacionados.

Reportando à literatura, Oliveira (1998) tece comentários a respeito da pesquisa *Corpo, sexualidade e reprodução: um estudo sobre representações sociais*, coordenada por Ondina Fachel Leal. Segundo esse autor, por meio da leitura dos depoimentos, o entendimento sobre a doença acontece em dois níveis principais de análise. O primeiro refere-se à sintomatologia associada à doença: dor/febre, fraqueza, falta de apetite. O segundo diz respeito às suas consequências: não poder trabalhar, ficar de cama. São concepções não excludentes, mantendo assim relação de complementaridade entre elas (Oliveira, 1998, p. 82).

> Essas representações acerca da doença estão visceralmente ligadas aos usos e às representações sociais que as pessoas fazem de seu corpo. Kauth (1992b) já tinha evidenciado em trabalho [...] que o corpo se torna um "problema", ou seja, "doente", quando passa a não funcionar normalmente. A doença tem "concretude" [...] (Oliveira, 1998, p. 83).

Ainda, segundo esse mesmo autor, há as doenças simples e há as doenças sérias, estas percebidas como mais graves e necessariamente forçando as pessoas a procurarem serviços médicos, e algumas são tão sérias que requerem atendimento direto no Hospital, pois ultrapassam a capacidade resolutiva do ambiente familiar e dos "postinhos".

Retornando ao nosso estudo, percebemos que as manifestações apresentadas por nossas entrevistadas seguem as mesmas etapas em relação à percepção da doença e à procura dos serviços de saúde.

Além da descrição dos sintomas percebidos pelo corpo doente, há a citação também de terminologia médica, referente a diagnósticos, medicamentos, exames complementares.

> *Eu passei aqui no Pronto Socorro... o médico falou que eu estava precisando tomar o remédio [o Aldomet], porque eu estava com a pressão alta* (Mariana).

> *Ele falou que a minha gravidez é alto risco, porque só é pressão alta na gravidez... A médica passou uma receita para eu fazer todos os dias, a semana toda medir pressão e minha pressão é normal... só na gravidez que ela aumenta* (Alzira).

> *Eu fiz duas vezes ultrassom, um que eu fui lá em Guarulhos e o outro eu fiz lá em Santa Isabel, até que eu fiz pago o ultrassom... Passou do tempo mesmo...* (Ane).

> *Passou três dias, meu marido me levou no médico, e o médico foi escutar o nenê, e falou que só estava escutando a placenta, não estava escutando o coração não... aí ele pediu o ultrassom ...e deu que ele estava morto há uma semana* (Rosângela).

> *Essa gravidez... eu fiz pré-natal tudo certinho, mas o médico já me avisou... ele falou que era de risco, chamou meu marido, tudo, porque era gêmeos, os nenês estavam bem. Eu tomei tanto remédio, oito comprimido ao dia eu tomava, deu infecção, só ficava internada.*
>
> *Depois até que eu melhorei mais. Fiquei tomando remédio em casa para infecção, oito comprimidos, fora o Buscopan... o remédio para segurar o nenê* (Cristina).
>
> *O problema que tive na gravidez foi pressão alta, depois que eu tive a criança que eu fiquei sabendo, que eu tinha... Aí depois que eu tive a criança eu fiquei sabendo que eu tinha infecção* (Antônia).

Oliveira (1998, p. 89), em pesquisa sobre concepções de doença de moradores de vilas populares atendidos por unidades de saúde no Rio Grande do Sul, também revela a influência da Medicina oficial, reconhecendo neles a apropriação de termos médicos, diagnósticos, procedimentos, exames complementares, que, pelo contato contínuo, aprendem a manipular.

> Falar acerca das variadas definições e percepções das doenças pode parecer ser, à primeira vista, exercício em torno do óbvio. Apesar disto, parece não estar suficientemente claro, em especial, para os prestadores de serviço médico, o fato de as concepções a respeito de saúde/doença possuírem características próprias, de acordo com o contexto cultural dos diferentes grupos que compõe a sociedade.
>
> Vários estudos sobre o tema, vêm demonstrando como o entendimento do leigo no que concerne a sua doença, difere da concepção dos médicos sobre a mesma doença.
>
> Isto porque o entendimento do que seja doença permeia toda a relação que se estabelece no encontro do indivíduo com os sistemas de saúde, oficiais ou informais. Por conseguinte, a forma pela qual o indivíduo se percebe estando doente determinará diretamente de que modo ele relatará a evolução de sua doença para o curador, como entende que o exame físico deva ser realizado para estabelecimento do diagnóstico e tratamento para aquilo que está sentindo. No caso do aparato formal, o médico, por sua vez, a partir dos sinais e sintomas expressos pelo paciente busca cumprir a sua parte, ou seja, acertar o diagnóstico, curar o paciente através do tratamento correto e fazê-lo retornar ao estado prévio de saúde (Oliveira, 1998, p. 81).

Em nosso estudo, assim como em outros, há que reconhecer a correção com que as mulheres descreveram os sintomas e a sua sequência, tal qual descrito na literatura, antecedendo ao próprio diagnóstico médico, mostrando, com isso, a sua capacidade de fazerem a leitura de seu próprio corpo. Coloca em questão o mito de que pessoas de baixo nível de renda, pertencentes às classes populares, são incapazes de informar corretamente seus sintomas e de entenderem esclarecimentos diagnósticos, razão alegada por profissionais de saúde, em especial médicos, para não se darem a esse trabalho. Esta questão é mais destacada na sequência.

C.4 O ATENDIMENTO NO SERVIÇO DE SAÚDE

Os relatos revelam que todas as mulheres do estudo mencionaram terem feito o pré-natal, assim que foi confirmada a gravidez, tendo sido atendidas por serviço público de saúde, com exceção de uma, que utilizou um serviço particular conveniado. O início do pré-natal, para a maioria delas, foi em torno de três meses de gestação e apenas para uma, foi com cinco meses.

As falas evidenciam sérias críticas em relação à qualidade do atendimento recebido no pré-natal e que podem ser percebidas em algumas delas, como a de Mariana:

> *Agora, falando assim de médicos... acho que o pré-natal não está muito bem... eu acho que está precisando de um reforço. Eu sou atenciosa, passei por tudo isso, e quem não é?*
>
> *Fiz dois pré-natais, então eu acho que a pressão alta, esse negócio de gestante* (de alto risco) *uma vez por mês só acho que não é correto. Eu acho que deveria ser uma vez por semana... eu acho, porque realmente exige cuidados, como aquele cartaz dizia que a gravidez exige cuidados.*
>
> *Realmente deveria ser uma vez por semana... porque é uma coisa muito rápida... porque se a mãe não está bem... o bebê... vai passar para ele, entendeu?*
>
> *Para mim foi tudo muito rápido... eu fazia pré-natal direitinho... não falhava e quando começou a acontecer assim foi tudo... muito rápido.*
>
> *Acho que tem que ter mais respeito com as grávidas... com a vida. É um momento crucial... de uma vida, mas não é uma*

> *vida só, são duas vidas, eu acho que mais respeito em relação a isso* (Mariana).

Aqui, a crítica à qualidade do pré-natal diz respeito ao intervalo entre consultas para gestantes de alto risco, como as que apresentam hipertensão, devido à rapidez com que o problema pode se instalar e as complicações que implicam risco de vida para a mãe e bebê.

Além disso, critica a falta de orientação dos serviços de saúde às gestantes quanto ao problema da pressão alta na gravidez e à conscientização quanto às complicações:

> *Eu com 16 anos eu já tinha pressão alta... agora aí tem uma falha, dois tipos de falha, o médico conscientizar a paciente... que se ela é hipertensa ela tem que saber... eu não tinha me conscientizado disso.*
>
> *Eu não me lembro, eu não sou maluca..., mas eu não me lembro dessa médica ter falado que eu era hipertensa na primeira gravidez... da segunda eu também não me lembro deles terem me falado que eu era hipertensa.*
>
> *Eu não estou culpando ninguém..., mas eu estou falando a nível de outras serem conscientizadas. Não me lembro deles terem me falado isso. Porque a gente quando é jovem, é tudo muita fantasia... e essas jovens só vão descobrir isso quando são mais adultas* (Mariana).

Alzira e Ane dirigem sua reclamação à qualidade da consulta de pré-natal, particularmente à falta de um adequado exame físico durante a consulta:

> *Daí eu guardei vaga e passei com a dra... ela só olhou papel, ela não foi lá me examinar... ela não foi lá me examinar... Ela só mandou a enfermeira ir lá botar o aparelho na minha barriga... não me pesou e nem mediu a pressão nesse dia.*
>
> *Até estranhei, que o certo mesmo é fazer tudo isso... se a paciente está sentindo alguma coisa, a médica tem que levantar da mesa e ir lá examinar e não mandar a enfermeira... Até meu esposo ficou um pouco chateado desse pessoal aí do Posto. Disse que ia lá qualquer dia, dar parabéns para elas... de tão chateado que ele ficou, ia dar parabéns para elas pelo que aconteceu comigo* (Alzira).
>
> *Eu acho que foi erro médico... mas eu acho que foi mais lá do posto, porque pelo ultrassom, ele não ia saber... eu levei o ultrassom para*

> ele tudo... Cheguei para ele e falei, ó doutor, olha o ultrassom... E ele falou não, você vai ganhar em janeiro o neném... Ele marcou o dia 12 de janeiro, para eu ganhar. Só falou que se eu sentisse alguma coisa que estava na hora, que era para eu ir. É que nem eu falei, este dia que sujou a calcinha de sangue... eu fui com a minha mãe, mas o médico teimou que eu estava de 7 meses. Nesse dia estava mexendo normal. Ele falou que não estava na hora, se dependesse de nós... toda semana eu estava lá. A mulher do bar, da lojinha, falou que era para a gente denunciar. Mas o menino já nasceu morto mesmo... e eu espero que não aconteça com os outros... (Ane).

Essas duas falas, de Alzira e Ane, expressam claramente a percepção das entrevistadas do desinteresse demonstrado pelos médicos que as atenderam e, em decorrência disso, a falta de um acompanhamento adequado da evolução da gravidez delas.

Com relação ao atendimento hospitalar, Marilsa destaca:

> Ele [o marido] só ficou sabendo na sexta-feira... porque ele ligava e ninguém sabia de nada. Os médicos falaram que ligaram, mas ele estava na firma e tem prova... que ele fez cinco ligações.... e ninguém atendeu... Então, ele só ficou sabendo na sexta-feira mesmo, mas que o meu nenê morreu foi no dia 27, foi numa quinta-feira (Marilsa).

A crítica, neste caso, refere-se à falta de organização do hospital, quanto ao contato com os familiares para informações sobre a situação dos pacientes.

Outras críticas relatadas dizem respeito à postura de médicos durante o atendimento no hospital, como as feitas por Antônia:

> O atendimento eu acho que foi muito ruim porque eles tiraram a criança dentro de mim... nem me explicaram como foi que eu peguei esta infecção, diz que foi na gravidez, não me explicaram como eu tinha que tratar, como era para mim cuidar... Aí eu estou com medo eles não me explicaram nem nada... (choro)... falaram que eu estava com infecção no hospital... ele diz que a infeção foi do nenê..., mas nem explicaram como tratar...
>
> Ah para mim está difícil, e está difícil por causa desse negócio, porque eles não me explicaram direito como cuidar, aí eu tô meio perdida, não sei como me cuidar. Os médicos só me disseram que eu estava com infecção, não me explicaram como me cuidar nem nada, eu fiquei muito revoltada com eles. E esses daí, não

> *são médicos, se eles dizem que a gente está com alguma coisa, eles têm que passar remédio, tem que explicar, mas eles não explicaram nem nada ... (choro) ... Só falaram que eu estava com infecção só...* (Antônia).

A indignação que transparece na fala de Antônia, adolescente, indica o desrespeito ao seu direito de acesso à informação, a ser prestada por médicos do hospital, sobre uma doença detectada no parto e que acarretou uma grande preocupação para ela. Posteriormente, segundo seu relato, ela procurou o posto de saúde, ocasião em que a médica que a atendeu deu-lhe maiores informações:

> *Eu passei numa ginecologista depois expliquei o que estava acontecendo com a infecção, ela disse que eu estava com infecção do útero. Ela me passou um remédio, eu passei no posto tinha só um, não tinha lá a pomada, mas o remédio tinha. Ela falou que depois que eu tomar os dois remédios é para eu fazer o Papanicolau, mas só depois que eu tomar os dois remédios, mas eu tô dando um tempo para ver se eu começo trabalhar para comprar a pomada, aí terminar de fazer o tratamento... (choro)...* (Antônia).

Quando, finalmente, perguntamos por que ela estava tão preocupada, do que ela estava com medo, ela revelou:

> *Eu tenho medo de coisa ruim, eu tenho medo de ter uma Aids assim... a médica falou que não é fácil sarar não, eu tenho verrugas... A dra deu pomada para passar, mas é muito cara, eu não tenho dinheiro e não pude comprar ainda...* (Antônia).

A partir dessa fala, percebemos como uma notícia dada por um médico a um paciente, sem maiores explicações e orientações sobre o diagnóstico de uma determinada doença, em um momento difícil, pode gerar medo, angústia e sofrimento, como o relatado por essa adolescente.

Procurando entender o espaço que serviços de saúde ocupam no processo saúde-doença, no âmbito da Antropologia, reportamo-nos à literatura, encontrando em Kleinman, citado por Gonçalves (1998, p. 24-25), o apoio para esta questão, quando faz a seguinte colocação:

> Dentro de um sistema de atenção à saúde, pacientes e agentes de cura são componentes básicos de tais sistemas e, desse modo, inserem-se em uma configuração específica de significados culturais e de relações sociais. Não podem ser compreendidos separados deste contexto. Doença e

> processo de cura também conformam parte do sistema de atenção – cuidado - à saúde. Dentro desse sistema, articulam-se como experiências e atividades culturalmente constituídas. No contexto da cultura, o estudo dos pacientes e dos agentes de cura, e da enfermidade e do processo de cura, deve, portanto, iniciar com uma análise dos sistemas de atenção (cuidado) à saúde.

Boltanski (1979, p. 136) destaca a assimetria da relação médico-paciente quando a informação das suas prescrições durante a consulta "é tanto menos importante quanto mais baixo o doente estiver situado na hierarquia social, ou seja, quando são mais fracos em sua aptidão a compreender e manipular a língua científica utilizada pelo médico", concretizando, assim, uma relação autoritária, na qual o médico sente-se no direito de abster-se de dar maiores explicações por partir do pressuposto de que essas pessoas não irão compreendê-lo claramente.

Outras críticas sobre a postura dos médicos, em especial quanto ao relacionamento médico – paciente e atendimento apareceram nos relatos, sobretudo relacionadas ao atendimento hospitalar:

> *Gostei, mas só o médico lá que não me tratou muito bem não... daqui do hospital. Acho que ele não foi com a minha cara. (risos) Ele falou: os seus nenês vão morrer mesmo, não adianta você falar nada. Falou tanta coisa para mim, eu fiquei quieta.*
>
> *Eu fiquei tão nervosa viu... os nenês já tinham morrido um... e ainda fica... em vez de acalmar a gente... Depois quis dar uma de bonzinho perto do meu marido, quis dar uma de bonzinho. Que meu marido estava trabalhando. Não deu para ele ir lá, depois que ele saiu do serviço que ele foi lá. Se ele tivesse me levado...*
>
> *Meu marido queria até processar ele, mas porque a gente está na igreja, deixou pra lá, pra não ficar arrumando confusão, deixa para lá, entrega na mão de Deus mesmo.*
>
> *O médico nem viu o nenê nascer, o nenê nasceu no quarto mesmo, na cama. O nenê começou a nascer eu dei um grito veio a enfermeira, ele só olhava da porta. Depois que os nenês nasceram, a enfermeira levou lá pra sala de ganhar, aí ele veio perto de mim olhou assim, e depois não falou mais nada, e foi pra lá. Aí me levaram pro quarto* (Cristina).

O relato de Cristina traduz a sua percepção sobre a postura inadequada do profissional em relação a ela, uma paciente, que estava vivendo um problema difícil, de forma a contrariar os princípios éticos da profissão, além do fato de não lhe ter prestado assistência durante o parto, motivo pelo qual, segundo sua fala, poderia ter movido um processo contra ele.

Em seus depoimentos, Marilsa e Antônia atribuem culpa, responsabilidade aos médicos que as atenderam, quanto ao procedimento durante o acompanhamento do parto, como pode ser observado a seguir:

> *Eu só achei que ele foi muito frio, porque para médico, tudo bem o médico não tem que ser frio, mas não a ponto de chegar para uma mãe e falar assim: ó... vamos tirar o seu nenê que ele morreu ...eu acho que não é bem por aí não.*

> *Eu cheguei até culpar o médico, mas... não adianta eu culpar alguma coisa que eu não tenho prova, não posso falar que foi só erro dele... eu fiz a minha parte, no momento que ele me internou eu acho que ele tinha que fazer alguma coisa, ele sabia que o nenê estava morrendo... e estava esperando eu ter uma contração normal... como sempre nem tudo é normal... nem todos os partos são iguais. Eu achava que ele tinha que fazer uma cesárea, tirado o nenê antes* (Marilsa).

> *Mas já a outra médica, a que eu aguardei a vaga não gostei muito não... Porque como veio o papel do Hospital para ela ver... Se tivesse mandado eu tomar o outro remédio, eu tenho certeza que não tinha perdido a criança... o remédio para segurar a criança... tenho certeza que não tinha perdido a criança... Tinha tirado a criança antes, tinha botado na incubadora* (Antônia).

A angústia de não conhecerem a verdadeira razão da perda, coloca o médico no banco dos réus, como possível agente que poderia ter evitado a morte de seus filhos, caso tivesse seguido determinadas condutas e que, em sua leitura, deixou de fazê-lo, motivo pelo qual houve o desenlace.

Segundo Defey e colaboradores (1985, p. 46),

> Cada minuto, cada detalhe dos momentos anteriores ao desenlace, é repassado e analisado mil vezes, buscando algo que permita acalmar a angústia intolerável de não saber por que ocorreu e de não poder evitar pensar que foi sua própria culpa.

Ane apresenta uma queixa em relação ao hospital, quanto ao fato de ter ficado em enfermaria, junto com outras puérperas, com filhos vivos.

> *Ah... lá foi bom porque as enfermeiras, a Luzia era muito legal. Eles me trataram bem. Eu só ficava meio chateada na hora que eles*

> ia levar o neném pra mamar... eu ficava chateada porque o meu não ia... ficava olhando o nenê das outras e ficava lembrando... aí as mulher até comentava, coitada dela perdeu o nenê... Eu ficava quieta lá no meu canto lá e ficava lá, fazer o quê (Ane).

No tocante ao atendimento hospitalar, ao lado de críticas, algumas mulheres – Rosângela e Cristina – dirigiram elogios a enfermeiras e médicos...

> No Domingo à tarde eu estava sofrendo muito, mas as enfermeiras foram muito boas, me conformavam muito... Eu chorava muito...
>
> Quem me ajudou muito foi o dr., ele chegou para mim, ficou me conformando, aí foi ele dar as costas e o menino nascer... Ele falou para mim: lá para amanhã nasce, lá para amanhã nasce... Ele estava me conformando... ele pediu paciência, mandou me dar um calmante, para mim ir se acalmando que eu estava muito agitada... falou que não podia ser cesariana, porque eu queria que queria, senão eu ia ficar na sala de cirurgia... ele falou para mim que não podia... que o nenê era pequeno e dava para sair por baixo, se fosse cortar ia dar problema, ia sangrar muito... ele me aconselhou bastante... (Rosângela).
>
> Quem me deu alta foi o meu médico, ele passou outro dia e deu alta. Eu mandei chamar ele, porque eu fazia pré-natal com ele, e ele explicou tudo: dessa vez não deu, você fica calma, que você vai ganhar outro nenê tudo, falou certinho assim comigo. Já esse que estava me atendendo (no hospital), maior desaforo...
>
> Ele falou que o nenê era muito novinho, de seis mês, é difícil... porque o pulmãozinho ainda está verde ainda... (Cristina).

Segundo Silva (1997), no hospital, o entendimento a respeito da perda, da morte, é apreendido de forma significativa, na medida em que ela pode ser vista pela equipe médica como um fracasso, indo contra todos os esforços e a ideologia do hospital de procurar salvar vidas.

Para Defey e colaboradores (1985), o fato de um bebê nascer morto representa um truncamento da ordem natural, e é muito difícil para os médicos e enfermeiras controlarem essa situação. Não é parte de sua função trazer a morte ao mundo, e isto produz uma frustração e impotência. A confirmação da morte fetal é vivida como um fracasso da medicina e dos meios sofisticados de diagnósticos. O médico sente que desmorona o edifício da tecnologia, em que tinha depositado suas esperanças de superar a doença e a morte.

O médico vive a situação de maneira diferente, segundo se trate de uma paciente desconhecida que recebe em um plantão, ou de alguém que acompanhou durante a gravidez. Nesse caso, pode sentir-se envolvido emocionalmente e o episódio pode significar, também, frustração e sentimento de culpa.

Além de críticas direcionadas ao pré-natal, ao atendimento hospitalar, também houve um questionamento do serviço de saúde quanto à falta de acompanhamento depois do parto, nesses casos de perda do bebê, como foi comentado por Mariana:

> *Sabe, eu não tenho ninguém pra acusar de nada... porque eu estou ciente que eu não estava bem. E outra coisa, que é muito importante... a gestante depois... da gravidez. Nossa, gente, como é importante depois do parto. No meu caso, por exemplo, eu não tive apoio nenhum... nenhum. Eu acho assim... a família deve ser preparada, orientada pra tal... tal situação. Eu acho que um lugar bem aconchegante, ela precisa mesmo.*
>
> *Na noite que eu fiquei que os meus nervos levantaram tudo, parecia uma bolinha, sabe, no corpo... eu precisava de uma pessoa dentro de casa... orientada para o que poderia estar acontecendo.*
>
> *E eu lembro bem, que foi o início de todo esse processo... de correr pra médico... e uma especialidade e outra e no fim... que me falaram... nada... aí o que me falam que eu tenho que tomar calmante. Isto eu devia ter tomado desde que eu saí do hospital... desde que eu saí do hospital eu já poderia entrar num processo de tratamento psicológico... neurológico... de sistema nervoso.*
>
> *Eu acho que deve haver um trabalho em cima da família... porque a minha família não estava preparada, tanto que ele nem ligou. Se é que não deu risada, eu falar que eu estava cheia de bolinhas (risos)... no corpo. É o que eu estou falando com você. Mais cuidado com a vida!* (Mariana).

Considerando o que ocorreu com Mariana, o serviço de saúde não ofereceu um atendimento adequado do ponto de vista global, ou seja, médico, psicológico, tanto à mulher que viveu o problema da perda quanto a sua família, que também necessitava de uma orientação, pois não estava preparada para compreender o que estava acontecendo.

Em suma, os relatos quanto ao atendimento do serviço de saúde, quer no pré-natal em serviços públicos de saúde, quer no parto em hospitais conveniados com o SUS, quer no período de pós-parto, de modo geral, revelam insatisfação em relação ao mesmo, motivo de críticas à qualidade de atendimento, muito embora algumas delas o tenham elogiado.

As principais críticas referem-se à relação médico-paciente — ter maior respeito, maior interesse e sensibilidade —, à organização dos serviços de saúde — falta de orientação ao paciente e à família, falta de informação diagnóstica, falta de acompanhamento do pré-natal considerando os riscos gestacionais — e ao questionamento da conduta médica adotada no pré-natal e parto — deveria ter dado medicamento, deveria ter feito a cesariana etc.

Ao finalizar a parte dos relatos referentes ao processo de gravidez até a perda, apresentamos alguns comentários.

A análise das falas, segundo as quatro categorias: a percepção da gravidez, a vinda do nenê, os problemas de saúde até a perda, o atendimento do serviço de saúde, demonstra claramente a importância de reiterar o conceito de circunstância, de Ortega y Gasset, segundo o qual, no presente caso, enfocar-se-iam tanto a situação singular de cada mulher no momento em que a gravidez apareceu, e que, ao ser por ela percebida, provocou, naquele momento, algum tipo de sentimento em relação a ser mãe; quanto os dramas vividos quando apareceram os sintomas de doença até culminar com a perda do nenê, bem como toda a situação vivida em serviços de saúde durante o desenvolvimento desse processo até a perda.

Mediante os relatos, pudemos reconhecer as circunstâncias que envolveram a gravidez dessas mulheres e que culminaram com a perda do bebê, colocando-as, nesse momento, diante de um fato ímpar, concreto e irreversível.

A partir desse momento crucial, como foi sentido o impacto emocional dessa perda, desse acontecimento, como cada uma dessas mulheres lidou com a questão da perda de seu bebê?

Para prosseguirmos na análise, consideramos a perda do "bebê" como um acontecimento. O que isso significa? Necessário se fez abrir um espaço, um parêntesis, para entendermos o significado de acontecimento, valendo-nos do apoio de alguns autores.

Morin, citado por Possenti (1993), define acontecimento. Para ele, todo evento pode ser considerado acontecimento na medida em que esteja situado na irreversibilidade temporal, como uma manifestação ou atualização, isto é, função de seu aparecimento ou desaparecimento.

> [...] a natureza acidental, aleatória, singular, concreta, histórica do acontecimento depende do sistema no qual é considerado. "Exemplifica: '... os mortos de um fim de semana ... são elementos previsíveis... para um sistema estatístico-demográfico... Mas cada um desses mortos... é um acidente inesperado, uma infelicidade, uma catástrofe concreta'" (Possenti, 1993, p. 63).

Segundo Foucault (1971),

> O acontecimento não é nem substância nem acidente, nem qualidade nem processo; o acontecimento não é da ordem dos corpos. E, contudo, é sempre ao nível da materialidade que toma efeito, que é efeito; ele tem seu lugar e consiste na relação, na coexistência, na dispersão, na separação, na acumulação, na seleção de elementos materiais; não é, de modo algum, o ato, nem a materialidade de um corpo. Ele se produz como efeito de e numa dispersão material (Possenti, 1993, p. 62).

Com base nesses autores – Morin e Foucault –, a perda fetal pode ser vista como um acontecimento, na medida em que se manifesta como um fato irreversível, concreto, singular e que tem significado, decorrente da/na relação do sujeito da pesquisa (cada mulher) e as circunstâncias que o envolveram.

A partir, portanto, do acontecimento da perda fetal, procedemos ao reconhecimento dos efeitos produzidos nesse grupo de mulheres, os reflexos, do ponto de vista físico e emocional, decorrentes da perda do bebê.

Segundo Baraldi (1999, p. 20):

> Ao considerar a morte em seu aspecto biológico e racional, torna-se relativamente fácil diagnosticá-la como um acontecimento que completa o ciclo da vida – nascer, crescer, envelhecer e morrer e auxilia na continuidade da espécie... Mas quando ela ocorre ela não está desprovida de um contexto emocional, já que ela representa a quebra de um vínculo com alguém que se gosta ou não, cedo ou tarde... É além de tudo um momento de síntese, no qual é possível refletir sobre vários aspectos da pessoa e da vida.

E no caso de perda fetal, objeto de estudo de nosso trabalho, como enquadrá-la no modo de entender de Baraldi? Como encarar a morte fetal como algo que completa o ciclo da vida, se ela ocorre antes de a vida propriamente dita acontecer? Como explicar, compreender o vínculo que se estabelece entre a mãe e o filho intraútero?

Kovacs, citado por Baraldi (1999), considera que, individualmente, a perturbação ocasionada pela morte parece estar medida pelo tipo de vínculo estabelecido entre as pessoas e o morto, podendo causar níveis diferentes de sofrimento, culturalmente condicionados. Quando o vínculo é rompido, o indivíduo dispõe de recursos para elaborar o luto pautados na qualidade do vínculo existente.

Para Baraldi (1999, p. 20):

> A morte é um acontecimento que causa a sensação estranha de estar "fora", e ao mesmo tempo "dentro" dela. É mais fácil buscar entender e ultrapassar a dos outros, deixando de lado nossas reflexões e preocupações acerca de algo que é inerente à vida do homem.

Atualmente, morrer é visto como um fato despersonalizado e de difícil aceitação, mesmo fazendo parte do processo de vida, como nascer e crescer. Falar sobre morte é quase um tabu e muitos autores que estudam o fenômeno defendem tal postura, apoiados, em especial, na obra de Philipe Ariès, que, por duas décadas, estudou o referido tema na sociedade ocidental cristã, desde a Idade Média até nossos dias. Esses estudos demonstram que a morte é banida, ocultada e proibida no universo de representação do homem ocidental do nosso século; algo obsceno, um verdadeiro tabu (Baraldi, 1999, p. 21).

A esse respeito, Defey e colaboradores (1985, p. 7-8) ressaltam que

> [...] é necessário fazer uma distinção entre a morte natural "como um momento normal do nosso relógio biológico, e a morte acidental, que ocorre fora do esperado... Se é bem difícil aceitar a morte de um ser querido dentro de circunstâncias normais, quanto mais quando se trata de uma morte acidental... Parece haver uma entre uma morte repentina, imprevisível e fútil e uma maior dificuldade de aceitar a perda".

São esses mesmos autores que se referem ao fato de um bebê nascer morto como um truncamento da ordem natural, conforme citado anteriormente.

No caso de nosso objeto de estudo, as colocações de Defey e colaboradores parecem ser mais apropriadas, por se tratar a morte fetal de uma morte acidental, inesperada, um truncamento da ordem natural do ciclo da vida humana.

De fato, a reação frente à morte de um bebê depende da valorização prévia que fazemos deste, do ponto de vista individual e social. Achados antropológicos revelam a existência de sociedades primitivas nas quais o bebê não é considerado seu integrante, até o momento de se cumprirem os ritos de iniciação na puberdade... Na África equatorial inglesa, se o bebê morre antes do sexto dia, não se sofre, pois consideram que ainda não tinha nascido completamente... Na Colômbia, festeja-se a morte de recém-nascido ou do feto, por considerar que eles vão para o céu. Atualmente, as atitudes a respeito da morte de um bebê estão se modificando (Defey *et al.*,1985, p. 11).

De qualquer forma, quando um bebê falece, reconhecemos, ao lado dessas influências de ordem sociocultural, a singularização da reação, que só pode ser entendida no contexto de uma vivência muito particular... A morte de um filho (ainda que em estado embrionário ou fetal) sempre afeta, de alguma forma, a base da estrutura familiar, desencadeando um processo de sofrimento, que pode se dar por mais de uma razão. Pode-se chorar a morte de um filho como a perda da possibilidade de continuar-se através da descendência, assim como por representar uma ruptura de esperanças depositadas nesse projeto de vida, contando com novo integrante. Partindo dessa premissa, procedemos ao reconhecimento das reações das mulheres que participaram do presente estudo, após a perda de seus filhos.

D. IMPACTO SOBRE A PERDA

D.1 REAÇÕES APÓS A PERDA

Após o parto e o acontecimento da perda do nenê, pudemos observar que todas as mulheres entrevistadas apresentaram manifestações expressivas de ordem emocional, à medida que foram entrando em contato com a realidade concreta e percebendo que seu bebê não estava presente, percorrendo, a partir daí, uma longa trajetória de sofrimento e dor, que tem início no hospital, como descrito no relato de Marilsa:

> *Quando eu ia sair do hospital eu perguntei do meu nenê... eu queria ele, mas aí o dr. falou, ele já morreu no mesmo dia que eu te falei, já foi enterrado e não podemos fazer mais nada. Ele foi muito frio... porque quando ele chegou para mim e falou: o seu nenê morreu, vamos tirar, ele só falou isso. Eu não vi mais nada... comecei a chorar e quando tiraram ele eu já estava fora de mim...* (Marilsa).

O segundo momento de sofrimento, assim definido pela maioria dessas mulheres – o contato com a realidade da ausência do nenê –, foi ao chegar em casa, ao ver tudo que seria para ele: o berço, o enxoval, as roupinhas:

> *Eu tinha berço, roupinha, enxoval completo, já esperando ele nascer, quando eu cheguei em casa eu vi as roupinhas, comecei a chorar, dava um desgosto... Eu tenho as roupas guardadas, o berço eu dei para minha irmã, umas roupas eu dei para umas amigas minhas, que não tinha marido, e outras eu guardei comigo... eu ainda tenho roupa guardada... de recordação dele essas eu não dou para ninguém não... (choro) ... vai ficar de recordação dele... (choro) ...* (Antônia).

> *Ah, é duro eu ter que enfrentar a verdade, chegar em casa e ver tudo do nenê, ver berço arrumado, ver as roupinhas... fazer repouso durante os oito meses para nada... foi tudo em vão... cria uma revolta..., mas a gente tem que se conformar...*

> *A dor para mim é muita...* (Marilsa).

> *Ah, entrar no quarto ver tudo comprado... berço, enxoval... ver todos as coisas tudo ali... Ia ser o último... ia ser o último.*

> *Fiquei assim muito triste... eu queria demais...* (Alzira).

> *Dessa vez foi pior, porque a gente fica esperando. A gente fica pensando assim, não é porque aconteceu aquilo com os outros que vai acontecer com esse. De repente, vem uma coisa assim na vida da gente, é duro... só Deus mesmo... A gente prepara tudo... as roupinhas do nenê, ele tinha comprado o berço...* (Cristina).

No caso de Cristina, que já havia passado pela experiência de outras perdas anteriores, a reação, ao contrário do que se poderia esperar – resignação, maior preparo para o acontecimento –, foi de maior sofrimento, pois, para ela, *"dessa vez foi pior, porque a gente fica esperando"*. Essa reação vem fortalecer a ideia de considerar cada perda fetal como um acontecimento único, irreversível, com significado próprio para cada mulher que a experienciou.

> *Eu fiquei brava com a minha mãe, porque ela tinha dado as roupinhas... eu queria ficar, pelo menos com uma pecinha para mim guardar de lembrança..., mas ela não deixou nem uma meinha.*
>
> *Eu ganhei tudo: cestinho branco, berço, ganhei mosquiteiro, tudo. A roupinha que o nenê ganhou minha mãe dividiu com umas quatro mulheres que estava grávida.*
>
> *Ela deu todas as roupinhas dele para eu não ficar lembrando, eu ganhei um monte de roupinha, carrinho, berço, tudo, tudo, tudo eu ganhei, aí ela deu tudo... para mim não ficar lembrando... Antes de eu chegar do hospital ela já tinha dado tudo... para mim sabe não ficar lembrando e chorando, mesmo assim quando eu ia dormir à noite, assim, eu de vez em quando chorava à noite..., mas depois eu fui me acostumando e me acostumei...* (Ane).

Aqui se expressa a reação de proteção da família, no caso, na figura da mãe, que, baseada na crença de que eliminando/ocultando objetos relacionados ao bebê, assim como evitando falar dele, poderia estar auxiliando Ane a superar a perda, corroborando a concepção a que se referiram Klaus e Kennell de que "tudo que envolvesse a perda na gravidez era encoberto e tratado com sigilo... todo o acontecimento era velado e dele não se dizia palavra" (*apud* Savage, 1989, p. 23).

Além disso, berço, roupinha, enxoval, carrinho, cestinho, como representação de rastros tangíveis da presença ausente do bebê, foram, por isso mesmo, muito destacados por essas mulheres, em suas diferentes formas. Os relatos revelam que, à medida que a mulher foi tomando consciência da perda do nenê, muitos foram os sentimentos demonstrados, de forma verbal e não verbal: frustração, decepção, revolta, tristeza e choro.

Houve, também, a afirmação enfática feita por algumas mulheres, como Ane e Marilsa, de que a perda desse nenê jamais poderia ser substituída por outros filhos, conforme era sugerido por algumas pessoas, como forma de consolo; ao contrário, havia um sentimento de que o nenê era um ser muito especial, e que nunca seria esquecido e que, mesmo no curto período que viveu, trouxe muita alegria, conforme os relatos a seguir:

> *A dor para mim é muita... às vezes as pessoas falam assim você tem seis, e você nesses seis você pode ver o seu sétimo... não dá não, porque é difícil... é muito difícil porque você pode ter 20,*

> *mas aquele um é muito especial... porque para mim o Aldrin era muito especial...*
>
> *Eu não sei por que, mas eu via naquele nenê tudo da minha vida... até mesmo os outros nele... eu não sei por que, às vezes as pessoas me perguntam, mas por quê? Eu não tenho a resposta... porque ele para mim estava sendo muito esperado, mas que os outros... eu não sei se porque ele ia ser o meu último..., mas ele estava muito esperado... de uma maneira muito especial... E ainda é... ele não está comigo assim junto, mas está no meu coração na minha mente... que ele para mim é o meu tudo... mesmo não estando comigo* (Marilsa).
>
> *Eu lembro, mas daí passa... Eu não esqueço não. Eu não esqueço até o que o médico falou na mesa para mim que foi isso... que eu não podia ficar triste porque eu já tinha 4... eu ia até xingar ele na hora, mas eu pensei bem e falei, não. Eu falei ah! doutor, não é porque eu já tenho 4 que eu vou deixar esse de lado... não é assim... Daí ele ficou quieto... ele não falou nada, ele viu que eu estava nervosa na mesa* (Ane).
>
> *Porque... foram assim... seis meses de muita alegria... (choro)... eu era tão feliz... (choro)... É como se... se ele viesse me trazer muita alegria... (choro) e eu aproveitei tudo, tudo... Fazia tanto tempo... assim que nem em parquinho eu ia... e a gente foi até em parquinho... (choro)... É como... se a gente já soubesse que ele não ia ficar... (choro)* (Mariana).

Também percebemos sentimentos de decepção, frustração pela perda do nenê, no marido/companheiro, no sentido da não realização de um sonho, como descritos a seguir por Mariana e Rosângela:

> *Agora essa gravidez... ia realizar um dos meus sonhos. Meu marido adora menino... e ele era menino... e a gente quer fazer o seu amado feliz.*
>
> *Foi uma decepção... sensação de decepção... porque eu não ia poder realizar o meu sonho. Isso é muito claro na minha mente, nesse sentido... tinha perdido, tinha perdido... não ia dar para realizar o meu sonho daquela vez.*
>
> *Então, a decepção de não poder realizar o sonho naquele momento... não da morte... difícil falar, não da morte, mas por não realizar meu sonho. Eu estava consciente naquele momento... que o poder de dar alegria em relação a ter um filho homem... não ia dar... eu tinha que me fortalecer novamente... para poder contar para ele que eu tinha perdido... e eu contei... nasceu assim,*

assim, assim, com defeitinho na cabeça, com malformação na cabeça e morreu... está morto...

De repente o tom da voz é estranho, mas... eu tinha que falar para ele... eu tinha que estar forte. É como se eu quisesse tirar dele a dor... da alegria que eu não podia ter dado... não pude dar.

Acho que é assim, vendo tudo... acho que a dor maior primeiro é a perda... e depois o fato de não poder ver nos olhos dele a alegria de ter um filho homem. Porque a gente que gosta realmente porque, eu sou assim, eu gosto dele realmente... então era querer vê-lo feliz (Mariana).

Fiquei triste, porque era um homem porque eu queria tanto ter um homem. Fiquei muito triste.

O meu marido ficou desesperado, ficou nervoso... ele queria muito um filho homem... Quinze dias antes o menino estava bonzinho no ultrassom, ele estava mexendo normal, estava com uma saúde... Até agora ele fala, o menino já tinha nome... Era Lucas o nome do menino... (Rosângela).

Em alguns depoimentos, à medida que falavam da perda, percebemos que as mulheres demonstravam um sentimento contraditório de culpa e ao mesmo tempo de justificativa pela perda, que às vezes vinha com muita emoção:

Eu era muito feliz, aliás eu não posso dizer que eu sou infeliz, eu não sou infeliz, sabe, porque eu reconheço... que antes dessa gravidez... eu precisava de um tratamento... (choro) ...

O que eu vou dizer para você... apesar, apesar da perda... (choro) eu ainda choro... não precisa se preocupar não...

Eu chorava... me conscientizava que foi melhor assim, porque ele não estava bem, eu sei que ele não estava bem, não adianta o médico me enrolar que não que não vai me enrolar. O bebê já não estava bem, porque, talvez, não... eu tenho certeza por isso aconteceu tudo que aconteceu, porque ele não estava bem. Pressão alta eu tive das minhas duas filhas (Mariana).

Depois que eu perdi tive remorso, porque eu não sabia que eu estava com pressão alta... depois que eu fiquei sabendo que o médico falou... depois que eu passei no médico para ter a criança, que ele falou que eu tinha pressão alta... se eu soubesse eu tinha me cuidado... mas eu não tenho esse remorso porque eu fiz alguma coisa, porque eu não fiz nada, simplesmente eu tinha pressão alta e eu não sabia... (Antônia).

As reações expressadas por Mariana, Alzira e Ane foram: choro, falta de vontade para fazer qualquer coisa, dor de cabeça, nervoso:

> *O que eu vou dizer para você... apesar, apesar da perda... ((choro)) eu ainda choro....* (Mariana).

> *Fazia as coisas porque era o jeito...porque vontade mesmo não tinha não... fazia porque era obrigação de fazer... porque vontade, não tinha nenhuma... chorava muito...* (Alzira).

> *Fiquei assim normal... só de vez em quando me dá um treco... eu fico nervosa... sinto muita dor de cabeça. Eu senti... porque filho ... eu fiquei chateada..., mas fazer o quê... não pode trazer ele de volta...*

> *Ah, eu chorava por causa dele... porque eu lembrava dele e chorava. Inclusive a minha mãe falou, não fica muito assim não, por causa da dieta...* (Ane).

Algumas mulheres apresentaram sintomas de ordem psicológica mais graves, entre eles, alucinação, como Mariana, e desejo de morrer, como descrito no relato de Marilsa e Cristina

> *Não parecia que eu estava nervosa... nos 40 dias só assim, medindo a pressão... Eu lembro que eu estava aqui um dia... (choro) e eu senti tudo torto... Eu tenho minha cunhada que é enfermeira, eu falei para ela que eu estou me sentindo torta... ela falou assim para mim... deve ser mal jeito.*

> *Mas eu já estava entrando em depressão, ...(choro) ... ninguém percebeu... (choro).*

> *Passando os 40 dias, eu entrei em depressão... entrei em depressão em que sentido... comecei a sentir barulhos... o ouvido... eu tenho problema no ouvido... parecia que tinha uns bichinhos andando na minha cabeça.... Não sei te explicar, mas a impressão que eu tinha era isso... que tinha umas coisinhas andando na minha cabeça. Eu lembro que um dia eu fui dar aula... e não tinha tomado o remédio de pressão... aí me deu um desespero tão grande... a sensação que eu tive é como se tivesse subido um nódulo para cima aqui... é essa a explicação que eu tenho para te dar.*

> *E eu lembro que antes disso acontecer, eu acho que isso é importante, eu lembro que meu corpo todinho, é como se levantasse bolinhas... e eu falava assim para o meu marido, você está vendo... olha só como eu estou... àquela hora eu precisava de um médico*

> *(choro), eu precisava de um calmante naquele momento (choro), ninguém percebeu...* (Mariana).
>
> *Problema assim eu não fiquei, o único problema foi a minha mente...que... eu pedia muito para morrer, até pouco tempo... fiz até pedido de igreja para o meu nenê vir me buscar... por incrível que pareça... eu não estava nem pensando nesses* [outros filhos], *só nele.*
>
> *Eu estava conversando com a minha cunhada na quarta-feira... que eu fiquei assim tão fora de mim... que eu fazia pedido para ele vir me buscar, para mim morrer de qualquer jeito... eu saía na rua e esperava ser atropelada para morrer.*
>
> *Não fiquei com problema, não. Eu fiquei com insônia, às vezes eu acordo à noite, não consigo mais dormir.*
>
> *Fiquei mesmo com problema mental... com a mente muito perturbada...* (Marilsa)
>
> *Não dá nem pra explicar, uma tristeza só... vontade até de morrer também... É que eu tenho cabeça senão tinha feito besteira até Deus que me perdoe... perder tantos assim... vontade de morrer também junto...* (Cristina).

Entre os sentimentos havia também o de revolta, atribuindo culpa a pessoas, e até a Deus, como descritos por Marilsa e Antônia:

> *Não conseguia dormir de noite, achava que todo mundo era culpado, ofendia as pessoas... até as pessoas que não tinham culpa e que chegava perto de mim e falava alguma coisa eu xingava... eu não admitia, porque eu vivia brigando com Deus, falando porque que ele tinha feito isso... a minha perturbação foi essa.*
>
> *De você não se conformar entendeu... que você vê que não tem volta..., mas você quer... quando você quer o impossível... é isso que acontecia* (Marilsa).
>
> *Fiquei revoltada com Deus, porque eu estava esperando e não sabia que Deus ia levar... Aí, quando eu perdi ele, eu pensava comigo, Deus para mim não existe não, ele fez isso comigo, então Deus não existe não... Agora eu ainda penso assim...* (Antônia).

As reações apresentadas pelos sujeitos de nosso estudo foram também relatadas em outros estudos, da área de Psicologia Tanatológica, a qual busca descrever, em linhas gerais, o processo psicológico que envolve a perda de alguém.

Segundo Savage (1989, p. 24),

> A experiência da privação do aborto natural compõe-se de muitos fatores. O sexo, a idade, e os recursos psicológicos e familiares de que dispõe o sobrevivente são, indubitávelmente, uma variante crucial na determinação de suas conseqüências.

Com base em estudos de Knapp (*apud* Savage, 1989), ressalta que as circunstâncias em que se dá a morte também são relevantes, revelando padrões distintos de lamentação entre pais que perderam filhos que passaram por longos estágios de uma doença terminal, e entre os pais que perderam um filho subitamente (incluindo as perdas da reprodução) (Savage, 1989, p. 24).

Defende a ideia de que a evolução do processo de lamentação depende da experiência do sobrevivente com o problema da morte, e do caráter de sua solução. Tais experiências de vida não se restringem à morte real de entes queridos, mas incluem outras perdas, ou "equivalentes da morte", os quais Lifton descreve como sendo as primeiras "imagens do sentimento de separação, da desintegração, da estase" (Lifton *apud* Savage, 1989, p. 25).

Segundo a autora, a perspectiva junguiana é semelhante à descrita por Lifton, porquanto as experiências da vida passada, relacionadas com a perda presente, são de novo consteladas, exercendo uma certa influência na experiência corrente. Esses componentes que se formam novamente compõem o que Jung identificou como sendo um complexo, que é composto de sentimentos, pensamentos, recordações e resíduos da imaginação reunidos a partir da experiência passada, organizada no inconsciente em torno de um centro arquetípico.

De acordo com essa concepção, a experiência humana da angústia pode ser entendida a partir do ponto de vista dos complexos e da psicologia arquetípica em várias avaliações. Em primeiro lugar, o caráter uniforme da lamentação, suas emoções típicas, os tipos de comportamento e a evolução dessas emoções por fases ou padrões sugerem que tais experiências pessoais são influenciadas por temas arquetípicos comuns da experiência humana. Apoiando-se em estudos de Rosenblatt, Walsh e Jackson (*apud* Savage, 1989, p. 25), por exemplo, a partir de suas análises comparadas de 78 tipos de cultura do mundo que:

> [...] a julgar pela riqueza de nossas descobertas... a natureza das interações humanas e as relações a longo prazo são tais que, a despeito de uma ampla extensão de diferenças entre

culturas, sugere que as pessoas, em todo mundo sentem angústia e comumente têm oportunidade de exprimi-la.

Tal universalidade da experiência sugere uma propensão a um molde subjacente à experiência humana que Jung identificou como sendo arquétipo, entendido como possibilidades de representação, e não representações herdadas, na leitura de Jacobi (*apud* Savage, 1989). São canais, predisposições, leitos de um rio nos quais a água da vida penetrou profundamente. Podemos presumir que sejam os organizadores ocultos das representações; eles são o padrão primordial, subjacente à ordem invisível da psique inconsciente.

Savage (1989) descreve que, embora a maioria das pesquisas de lamentação descreva um período evidente de choque, de recusa, de descrença, de entorpecimento, em geral esses períodos são transitórios, mas que, devido à sua intensidade, esse período inicial é alvo de muita atenção pelos amigos e pela família. Neste primeiro estágio, de Choque, que pode durar dias ou semanas, os mecanismos de não aceitação são liberados, e a pessoa enlutada começa a aceitar a realidade da perda. Essas variadas e intensas reações emocionais iniciais à perda se unem para criar, como na primeira fase de todo ritual de iniciação, um período de desorganização ou desorientação da personalidade consciente.

O estágio seguinte, o de Busca, também conhecido como Ânsia ou Aspiração, é de muito sofrimento, principalmente para as mães que perderam seus filhos. Fenomenologicamente, este período é vivido como uma dor pertinaz no abraço vazio da mãe.

Os tipos de comportamento do luto, consteladas do "arquétipo" da Busca, incluem o vagar sem rumo, o trajar de preto, o descuidar-se da aparência, sem que cesse o pranto. Os afetos envolvidos nestes arquétipos incluem depressão, o choro, a revolta, a perturbação e a dor (Savage, 1989).

Segundo a mesma autora, os sentimentos de revolta evocados pela morte do filho, na fase de Busca, são compreensíveis, pois os pais se sentem despojados da promessa de uma grande alegria, e nada podem fazer, senão esquivar-se à responsabilidade. O ódio, então, volta-se contra os médicos, os outros filhos saudáveis, contra o cônjuge, contra si mesmos e, é claro, contra Deus. A projeção da raiva é, obviamente, uma defesa psicológica, uma precaução, e é normal a todo tipo de angústia.

O aspecto do pranto também está incluído no estágio da Busca. Segundo a autora, chorar é um aspecto tão essencial da dor que a pessoa enlutada não pode ser imaginada sem ele. Portanto, a ausência do pranto é geralmente considerada um forte indício de um distúrbio psicológico. Para os seres humanos, chorar é uma manifestação fundamental da nossa necessidade. Como descreve Shand (*apud* Savage, 1989, p. 100), "o choro provém de raízes primitivas e tem um valor social". "Ainda que, a princípio, as lágrimas pareçam manar de uma fonte de choque e de dor, o valor restaurador do pranto faz-se finalmente sentir".

O terceiro estágio é descrito pela autora, como Recuperação, entendido como o estágio em que ocorre a incorporação interior, psicologicamente diferenciada, da imagem do filho na consciência da mãe/pai, daí ocorrendo uma alteração afetiva na experiência do luto que ajuda a mãe/pai angustiada/o a se relacionar com essa imagem (Savage, 1989, p. 105).

Segundo a mesma autora, existem outros modelos, descritos por diversos autores, para estudar esse processo psicológico, dentre eles, o modelo de Kavanaugh (1974), que se aplica às experiências de quem sobrevive, compreendendo sete estágios: (1) abalo e negação; (2) desorganização; (3) emoções violentas; (4) culpa; (5) perda e solidão; (6) alívio; e (7) restabelecimento. Davidson (1979), estudando 1.200 adultos que perderam filhos, desenvolveu um processo que ele atribuía ao trabalho anterior dirigido por Bowlby e Parkes. As fases do processo por ele descrito incluíam: (1) abalo e entorpecimento; (2) busca e ânsia; (3) desorientação; e (4) reorganização. Por fim, Horovitz (1976) descreveu uma síndrome de reação à tensão que é composta de quatro fases: (1) protesto/negação; (2) intromissão; (3) agitação; e (4) conclusão.

Segundo Savage (1989, p. 27),

> Todas as formas de sintomatologia comum da angústia, tais como "as angústias da dor", a depressão, as idéias de suicídio, a dor somática, a obsessão pelas imagens do falecido, as alucinações auditivas ou visuais, a melancolia que se manifesta instável, o isolamento emocional e o pranto são agrupados nas fases apropriadas, representando, desse modo o progresso natural do sentimento lutuoso. No que tange à perda de um filho, muitos se intensificam, e a extensão do próprio processo que envolve a perda de alguém, apresenta, vez por outra duração mais longa.

Os modelos descritos por esses diferentes autores têm, em comum, a ideia de uma sequência de fases, como se fora um progresso natural do sentimento lutuoso, usando os termos de Savage, portanto dentro de uma concepção linear, excludente, progressiva e presente em qualquer e toda pessoa que tenha passado por um acontecimento desta natureza. Em nosso estudo, entretanto, as reações manifestadas pelas diferentes mulheres, independentemente do tempo decorrido desde o acontecimento (perda), vêm contrariar essa ideia de sequência, aparecendo simultaneamente, como se fora um turbilhão de sentimentos misturados, ainda que com alguma predominância de um deles.

Mais do que a sequência de sentimentos após a perda, em nossa leitura, valeria mais a pena tentar compreender melhor o forte vínculo entre mãe e filho, o mistério da relação afetiva estabelecida entre mulheres e seres que ainda se encontram "escondidos", como o que encontramos entre os sujeitos deste estudo.

D.2 A LEMBRANÇA DO NENÊ

A lembrança do nenê, para as mulheres, ficou marcada por muita tristeza pela perda e, pela maioria delas, foi manifestado o desejo de que estivesse vivo.

> *Eu penso que ele poderia estar comigo, às vezes eu me pego chorando. Acho que uma mãe que tem um amor por seu filho, que tem um sentimento, deve pensar na mesma forma que eu* (Marilsa).

> *Quando eu lembro... ah nem sei falar... (choro) ... a única coisa que eu penso é que foi ruim para mim, e foi ruim para ele também... eu não conseguia comer, não conseguia dormir, eu simplesmente só pensava nele só...(choro) ... Aí depois de muito tempo eu conseguia levar, mas também sempre... (choro) ... com aquela dor dentro de mim, aquela falta dele... dele estar comigo, mas não está...* (Antônia).

Marilsa destaca que toda mãe que tem amor pelo filho, deve pensar como ela, ou seja, querer que o filho "tivesse ficado". Antônia sentiu que foi uma coisa muito ruim, para os dois, para ela e para o nenê, e que passou por muito sofrimento, pela falta dele.

A lembrança do nenê, para outras mulheres, foi como se ele não tivesse morrido.

> *Aí foi ruim para acostumar... até hoje ainda lembro... É como se fosse hoje...*

> *Ah sei lá, eu gostaria que ela tivesse aqui... que eu podia estar cuidando dela, amamentando ela... cuidando dela. Eu gosto muito de criança...* (Alzira).
>
> *Eu fico pensando se ele tivesse comigo, ele já estava... bem dizer já estava andando... já estava com 8 meses... quase andando já... já estava um molecão, ele já nasceu grande...*
>
> *Mas Deus quis assim... fazer o quê... Eu não gosto de lembrar muito não porque eu fico... lembrando assim... e eu não gosto não. Eu, por dentro, é lógico que eu não vou esquecer, mas... eu não gosto de ficar muito lembrando não...* (Ane).
>
> *Quando lembro, eu penso que ele já podia estar com 4 meses, estar esperto... Deus sabe o que faz...* (Rosângela).

Alzira lembra a perda como se fosse hoje, que ela poderia estar amamentando a menina, cuidando dela, pois gosta muito de criança. Ane descreve que o menino já teria nove meses, já estaria quase andando, mas que não gosta de lembrar e que nunca vai esquecer. Rosângela também lembra que o nenê teria quatro meses, estaria esperto, mas se conforma atribuindo a culpa a Deus.

A lembrança do nenê, para outras mulheres, foi restrita ao período da gravidez e do parto.

> *Eu não deixo de comentar, eu não tenho medo de falar sobre o assunto... desde o comecinho nunca tive. Mas eu acho que não era para ser meu não... porque eu nunca me preocupei em comprar nada quando eu estava grávida... é como se eu tivesse aqueles seis meses e meio para viver, só eu e ele.*
>
> *Às vezes eu tinha a impressão de que era só meu... eu tinha essa impressão de que era só meu... Porque... eu era a grávida mais feliz da terra... podiam pisar em mim, podiam falar o que quisesse, que eu não estava nem aí, eu estava feliz do mesmo jeito.*
>
> *Por isso essa sensação... que era só meu, eu sei que não era só meu..., mas eu tinha essa sensação* (Mariana).
>
> *Quando eu lembro não sei nem explicar... fico chateada... Eu não gosto nem de ficar pensando, eu fico falando de outras coisas assim para não ficar pensando... tão bonitinho, os gêmeos, menininhos. Mas eram idênticos... uma placenta só, parecia que tinha que colocar um nome só em um e outro...*
>
> *Fiquei tão assim... tomara que ele fique vivo... comecei a chorar... Ele chorando com o olhinho aberto... bem pequenininho, fez até*

> *xixi na mão da enfermeira. Ela o deitou, foi mexer com ele e ele fez xixi. Tadinho, ficou tudo furado, acho que é de colocar aquele soro...*
>
> *Nunca desmaiei com essas coisas, assim não. Quando foi para ver ele, estava passando mal. A enfermeira não queria deixar eu o ver, com medo de eu ter um negócio lá... Eu só vi o que morreu por último, depois que eu vi os dois, quando eu vim embora, ele ficou até aqui na área....*
>
> *Uma tristeza, eu chorava, dava vontade de sumir, andar pelo mundo... desaparecer...*
>
> *Até hoje ainda eu choro... lembro de todos... do meu primeiro que eu perdi, eles [os médicos] não deram conta do corpinho da criança. Foi lá em Santa Isabel, que eu perdi o meu primeiro, eles sumiram com o corpo, quando minha mãe chegou lá, meu marido... falou que tinham destruído o corpo da criança...* (Cristina).

Mariana relata a felicidade vivida nos seis meses de gravidez, segundo uma intuição que tinha de que ele não ultrapassaria aquele tempo de vida, e justifica o fato de não ter se preocupado em comprar coisas para ele.

Cristina fala do sofrimento, lembra-se dos meninos gêmeos, que lhe foram mostrados pela enfermeira: daquele que nasceu vivo, tem a lembrança dele chorando, fazendo xixi, enquanto pedia, em prantos, para que ele sobrevivesse. Ao dizer isso, tentou se conformar, justificando que os meninos eram prematuros – de seis meses e meio – e, portanto, com poucas chances de sobreviverem. Relembra, também, outra perda fetal da primeira gravidez, ocasião em que ela não viu o corpo de seu filho, imaginando que tinham sumido com ele. Enfatizou que, até hoje, lembra-se de todos os filhos que perdeu.

O depoimento de Cristina confirma a importância ressaltada na literatura de mostrar o corpo do nenê para a mãe e a angústia que dela toma conta, quando o corpo desaparece no hospital, conforme Defey e colaboradores (1985); Martins e colaboradores (1998); Luz e colaboradores (1989).

Pudemos perceber, na maioria dos relatos das mulheres do estudo, um ponto comum: de que o nenê é sempre lembrado e que nunca será esquecido, o que vem ao encontro do descrito na literatura.

Knapp, citado por Savage (1989), em seus estudos, encontrou seis características comuns a pais que perderam seus filhos, de forma súbita, e, segundo o autor, específicas para esse tipo de perda. Esses padrões mais comuns de reação representam aspectos do sentimento de perda de alguém e incluem: (1) a promessa de jamais esquecer, (2) o desejo de morrer, (3) a revitalização das crenças religiosas, (4) uma mudança de valores, (5) mais tolerância e (6) a angústia da sombra (p. 29).

Knapp interpreta a promessa de jamais esquecer como

> [...] um meio de se lidar com o vazio do futuro... ao se preencher esse vácuo com as imagens da criança que eles uma vez tiveram, através de pensamentos, recordações e de conversa franca. Apenas desse modo a perda se torna uma realidade (*apud* Savage, 1989, p. 33).

D.3 O SIGNIFICADO DA PERDA

O significado da perda do nenê, para essas mulheres, envolveu um conteúdo de reflexão sobre o acontecimento, sobre a experiência que vivenciaram e os relatos revelaram múltiplos significados que foram por elas atribuídos e que podem ser percebidos na fala de cada uma delas.

> *Para mim, foi uma parte de mim que foi embora... que eu não sei por que, mas... aquele nenê era uma parte de mim... era parte de minha vida, eu não sei nem por que... uma coisa inexplicável, mas... tudo que eu fazia era por ele...eu não sei se porque ia ser o último, mas era muito especial...*
>
> *Era como se alguma coisa nova estivesse nascendo em mim, era ele... uma coisa que nasceu... e foi embora e morreu da mesma forma...*
>
> *Para mim foi uma experiência, uma dor... uma experiência dura, mas que a gente tem que passar... quem sabe se é para eu amar mais eles [os outros filhos]... porque amor não falta... amor, quanto mais é melhor... (risos)* (Marilsa).

Para Marilsa – casada e com 6 filhos –, a perda do nenê é descrita como perda de uma parte dela; o nenê era muito "especial", significava o nascimento de uma "coisa nova", mas que "nasceu e morreu ao mesmo tempo". Vivenciar a perda do nenê significou uma "dura experiência", mas que, em seu processo de justificação e de resignação, foi uma experiência pela qual "tinha que passar", talvez para "amar mais os filhos", porque "amor, quanto mais é melhor".

> *Só trouxe tristeza... (risos) É bom que a gente sabe como é ter um filho... Parece que é um pedaço da gente, mas para perder assim ... Fico pensando, talvez se eu... não quisesse, estava tudo vivo, mas como eu estava com muita vontade que ficasse comigo, aí eu perco...*
>
> *Não sei nem explicar... uma coisa muito... muito triste ... Significou que a gente não somos nada... O que Deus quer... Se Deus quer alguma coisa é, se Deus não quiser... apesar que Deus não quer o mal da gente ... Ele sabe o que é bom para gente...*
>
> *Só sei que foi duro sempre, parece que veio para me abalar, sabe... Eu fiquei até meio assim... parece que não estava boa da cabeça não... depois que esses nenês morreram... Eu fiquei meia... não sei te explicar, meia parada no tempo assim eu fiquei... Dava vontade de sair e ir embora... sem destino assim sabe... Parece que uma coisa mais forte não deixava...*
>
> *Pensava em sair, desaparecer no Mundo..., mas não adiantava nada, meu marido também estava precisando de mim. Para ele foi um golpe também... ele ficou arrasado... muito abalado ele ficou... Ele é doido por criança... Desde a primeira vez que eu fiquei grávida ele queria a criança, até ele comprou bercinho tudo, e a gente só namorava. Eu lembro que eu não ia assumir a criança nem nada, eu não queria nem falar, e ele queria. (risos)* (Cristina).

Para Cristina, casada, que tinha engravidado por cinco vezes, mas tinha perdido todos os filhos, também como Marilsa, a morte dos filhos representou a perda de um "pedaço" dela, uma "coisa muito triste", que a fez ver como "a gente não era nada", no sentido de sua pequenez diante da vontade de Deus e que Ele "sabia o que era bom" para ela. Referia que tinha sido também uma "experiência dura", que veio para "abalar", porque depois da perda ela ficou "parada no tempo", tinha vontade de "ir embora, sem destino", mas algo mais forte não deixava. Pensava em "desaparecer no Mundo", mas seu marido também estava "precisando dela", porque ele "ficou arrasado", pois era "doido por criança", desde quando namoravam e ela engravidou.

Reportando-nos à literatura, vários autores dão explicações sobre a sensação descrita pelas mães de perda de parte do corpo, ao se referirem à perda de um filho.

Segundo Defey e colaboradores (1985, p. 38),

> Durante a gestação, o filho era vivido/sentido pela mãe como um ser distinto dela e, ao mesmo tempo, como uma parte de seu próprio corpo. Quando ocorre a morte, antes do nascimento, a delimitação entre a mãe e o filho se torna difícil, posto que não há uma clara separação psicológica entre o que ficou vivo e o que morreu. A sensação que a mãe tem é uma parte dela morreu; sente a perda como uma falta, um vazio, como uma amputação.

Para Lewis, citado por Savage (1989, p. 28),

> [...] não é possível para os pais (adultos), guardar consigo alguma parte do recém-nascido, tão indefeso, e adaptá-la a eles mesmos". Ele afirma que a lamentação da morte de uma criança é mais bem entendida quando comparada à perda de um membro do corpo. A imagem correspondente que o pai faz de si é, em parte, como que amputada pela morte da criança, e isso, então, faz com que "outros se afastem dos que lamentam como se eles fossem mutilados, pois essa imagem enche-os de medo e ansiedade.

Outras mulheres – Alzira e Rosângela – expressam o significado da perda como fatalidade, atribuindo a perda do nenê à vontade divina, demonstrando atitude de resignação diante do acontecido:

> *É que ela não tinha que ser minha... tinha que ser de Deus ... Deus quis assim... Mas um dia Ele irá me dar outra, se Deus quiser... nunca é tarde ... (Alzira).*
>
> *Eu ficava meio quieta... ficava pensando nele... Acho que Deus quis assim... tinha que ser... (Rosângela)*

Para Ane, Antônia e Mariana, diferentemente das anteriores, a perda do nenê levou-as a reflexões profundas, de ordem pessoal, resultando em uma mudança de atitude perante a vida, como podemos extrair de seus relatos:

> *Significou muito porque eu mudei bastante... porque eu era muito... cabeça-dura, mas agora eu mudei pra caramba... depois que eu perdi o nenê. Assim de sair... de fazer coisa errada, essas coisas... eu mudei... nem de casa eu não saio mais. Só saio assim de sábado, ou para ir na casa de uma colega, da minha tia, só...*
>
> *E... também quando ele morreu eu jurei para ele mesmo, que nunca mais... assim coisa errada assim... eu não faço, na hora*

> *que ele nasceu. Ninguém acredita, mas comigo mesmo ali na hora que... ele estava nascendo... eu fiz um juramento. Daí fica aquele negócio na cabeça... a gente vai mudando, pouquinho, pouquinho, mas... vai mudando...*
>
> *Antes eu era muito nervosa com os meninos, mas agora não... agora eu penso assim... já perdi um e vou perder os outros que estão vivos. Que nem dois, já gosta mais da minha mãe do que de mim... Os dois meninos maiores, eles chamam a minha mãe de mãe, desde pequenininho, ela ajudou a criar. Agora, esse menino daí e a menina de 7 anos gostam da minha mãe, mas me chamam de mãe também... isso aí que... me ajuda mais... para quando crescer... quem sabe... a gente tem que cuidar ... porque... é fogo...* (Ane).

Para Ane, mãe solteira, com quatro filhos, a perda do nenê levou-a a uma reflexão sobre sua vida, a uma avaliação de seu desempenho enquanto mãe de quatro filhos, ao reconhecimento de seus "erros", assim como o vislumbre de possibilidades para mudança, no sentido de "salvar" o que ainda lhe restava, conferindo sentido à sua vida.

> *Ah, não significou nada porque eu queria que ele tivesse comigo, e não tivesse morrido... (choro) ...eu preferia ele junto comigo... (choro) [...]*
>
> *Mudou tudo na minha vida porque eu ia ser mãe... eu tinha que trabalhar para sustentar ele, mas eu não queria perder ele, eu ia fazer de tudo para ter ele... (choro)... Eu fiz de tudo, mas não deu... (choro) Também para mim ele significou um amor dentro de mim, não é que ele não significa nada, ele pra mim ele significa tudo... (choro)* (Antônia).

Para Antônia, adolescente, solteira, que tinha engravidado pela primeira vez e tinha sido abandonada pelo namorado, a perda do nenê desencadeou a reflexão sobre o papel de mãe, que ela havia decidido assumir, com responsabilidades sobre a vida desse nenê e, ao mesmo tempo, a descoberta de "um amor" de mãe dentro dela. Sua conclusão diz tudo: a perda do nenê, em vez de "não significar nada, significa tudo".

> *O significado... não deixar de viver, que é muito importante viver. O significado dessa perda para mim é muito profundo... porque a gente vai descobrindo a missão da gente.*
>
> *Hoje eu acredito que todos nós temos uma missão... porque depois dessa gravidez... eu fiquei mais exigente comigo mesmo, assim... é muito fácil você exigir dos outros, mas exigir de você,*

> *você tem que se colocar... para que as pessoas te respeitem... sabe você tem que ter uma personalidade...*
>
> *Através da perda eu consegui perceber isso... porque tudo para mim estava bom, sabe, tudo para mim estava bom. Porque meu marido é alcoólatra... eu esqueci de falar isso para você, isso é fundamental. Ele é alcoólatra... e nessa gravidez, eu percebi o seguinte... que não adianta querer proteger ele... eu tenho a mim tem o resto para cuidar. Eu sempre fui assim, sabe.... de querer fazer além das minhas possibilidades... e hoje eu me preocupo um pouco mais comigo, coisa que eu não fazia...*
>
> *Eu acho que a lição que me deixa é isso, sabe, que a gente tem que viver sabe a cada minuto... o minuto é agora... mas com responsabilidade. No sentido que amanhã vai ser um novo dia e que eu tenho que estar inteira... para poder realizar todos os meus sonhos daquele minuto... daquele tempo que passou que eu programei. A programação também ficou gravada na minha mente que tudo tem que ser programado... que tudo tem que ser planejado....*
>
> *Porque essa gravidez me trouxe muitas alegrias... mas foi um tapa na cara muito grande, tipo assim, acorda que a hora é essa, tem que ser agora.*
>
> *E será que pra você acordar, você precisava levar um tapa tão forte assim? É isso que eu fico me perguntando... será que tudo tem que ser assim? Eu acho que não...*
>
> *Mas eu fui muito feliz nessa gravidez, nesses seis meses que eu não tive problema... eu fui muito feliz... hoje eu estou mais feliz, porque estou mais consciente.*
>
> *Eu posso dizer para você que nessa gravidez eu amadureci... posso falar com você com certeza que eu amadureci... estou cobrando hoje mais de mim... eu estou bem mais madura* (Mariana).

Para Mariana, casada, com duas filhas, a perda do nenê significou um despertar para a vida, ainda que de uma forma violenta: "um tapa na cara". Da mesma forma que para Ane, o acontecimento serviu para fazer uma avaliação de sua vida, tomar consciência de sua condição de pessoa, até então anulada em função do marido alcoólatra, a quem procurava proteger. A "lição" que tirou da experiência foi a importância de viver o agora, com responsabilidade, em busca da realização de sonhos acalentados. De todo o processo, uma conclusão: amadureceu.

A partir dos relatos dessas mulheres que passaram pela experiência da perda fetal houve um processo de reinterpretação, baseado no evento acontecido, que resultou na elaboração de significados, que podemos agrupar em três eixos; a perda de parte do corpo, fatalidade e mudança de atitude perante a vida.

Segundo Souza (1998, p. 151),

> Definir e explicar uma doença [problema] é um ato interpretativo; como tal, envolve reflexão e, em alguma medida, distanciamento. Isto é, quando o sujeito se volta sobre suas experiências para interpretá-las, já não está posicionado dentro do fluxo de vivências. Estas são, portanto, vistas em retrospectiva e aparecem dotadas de sentido.

No processo interpretativo, em que se busca conferir unidade e sentido a um conjunto de eventos e vivências, os atores lançam mão de um sistema de tipificação. Na visão de Schutz (1979, p. 74): "Toda interpretação do mundo se baseia em um estoque de experiências anteriores dele, que são transmitidas pela tradição, e sob a forma de conhecimentos a mão (sic), funcionam como um código de referência".

Segundo Souza (1998, p. 167),

> Explicar para si e para os outros, dar sentido e coerência, narrar uma história de aflição, reunir sob um conjunto de sensações de mal-estar físico e psíquico são atos interpretativos. Interpretar envolve a utilização de quadros de referência, um estoque de conhecimento à mão, herdado de uma tradição cultural, mas sempre renovado a partir dos novos acontecimentos e conhecimentos. O estoque de conhecimentos acessível tem o caráter aberto a retificações ou corroborações de experiências por vir. Se este apresenta como traço essencial a fluidez e a processualidade, a configuração que assume a cada momento é determinada pelo fato de os indivíduos não estarem igualmente interessados em todos os aspectos do mundo ao seu alcance. É o projeto, formulado aqui e agora, que dita o que é relevante ou não na situação.

Assim entendido, a perda do nenê no período intrauterino representou, para a mulher que a vivenciou, um acontecimento único, singular e irreparável, com repercussões profundas à sua existência. Os significados — a perda de uma parte do seu corpo, fatalidade e mudança perante a vida — foram por elas expressados em seus relatos.

Essas significações representam, em nosso modo de ver, a totalidade do ser humano, enquanto sujeito da/na história: corpo, mente e espírito. Entretanto, essas significações traduzem uma imagem dialética, no sentido benjaminiano, que assim define:

> Não se deve dizer que o passado elimina o presente ou que o presente ilumina o passado. Uma imagem, ao contrário, é onde o Antigo encontra o Agora em um raio para formar uma constelação. Em outras palavras, a imagem é a dialética parada. Porque, enquanto a relação do presente com o passado é puramente temporal, contínua, a relação do Antigo com o Agora é presente e dialética: não é algo que se escoa, mas uma imagem descontínua. Somente as imagens dialéticas são imagens autênticas (Muricy, 1998, p. 209).

Tomando de empréstimo o conceito de imagem dialética aos significados da perda do nenê, podemos avançar em sua compreensão, pois esta é percebida de forma descontínua, na qual o passado e o presente se entrecruzam, estabelecendo uma simultaneidade. E isso só pode ser compreendido não numa concepção temporal cronológica (*Chronos*), mas em outra, a de tempo vivido (*Kairós*).

Conforme analisado anteriormente, para as mulheres entrevistadas não foi reconhecida nenhuma relação entre a época da perda fetal e a intensidade das reações, conforme descrito por alguns autores já referidos, fazendo-nos crer que a concepção de tempo, aqui, remete ao tempo vivido, tempo das vivências, em lugar do tempo calendário, cronológico, que unifica em termos de ritmos, ciclos evolutivos. Assim, a experiência vivenciada por essas mulheres não pode ser encarcerada pela exatidão do relógio, pois este não marca a temporalidade vivencial.

Retomando o conceito de experiência vivenciada, utilizado neste trabalho, é importante assinalar duas noções fundamentais que contempla, quais sejam: a noção de experiência (*Erfahrung*), uma das noções capitais da teoria da cultura de Benjamim (1985); e a noção de vivência (*Erlebnis*).

A experiência (*Erfahrung*) está relacionada à memória, individual e coletiva, ao inconsciente, à tradição. A vivência (*Erlebnis*) relaciona-se à existência privada, à solidão, à percepção consciente, ao choque. Nas sociedades modernas, o declínio da experiência corresponde a uma intensificação da vivência.

No mundo capitalista moderno, há o enfraquecimento da *Erfahrung*, em detrimento de um outro conceito, a *Erlebnis*, experiência vivida característica do indivíduo solitário, que esboça, ao mesmo tempo, uma reflexão sobre a necessidade de uma reconstrução para garantir uma memória e uma palavra comum, malgrado a desagregação e o esfacelamento do social.

Segundo o mesmo autor, a experiência vivida de Proust (*Erlebnis*), particular e privada, já não tem a ver com a grande experiência coletiva (*Erfahrung*) que fundava a narrativa antiga. Mas o caráter desesperadamente único da *Erlebnis* transforma-se dialeticamente em uma busca universal: o aprofundamento abissal na lembrança despoja-o de seu caráter contingente e limitado que, em um primeiro momento, o tornara possível, pois um acontecimento vivido é finito, ou pelo menos encerrado na esfera do vivido, ao passo que o acontecimento lembrado é sem limites, porque é apenas uma chave para tudo o que veio antes e depois.

É nesse contexto teórico que podemos situar como mais apropriada a noção de experiência vivenciada, em que dialeticamente se encontram os conceitos de Erfahrung e Erlebnis, como conjugação do privado e da história, do singular e do coletivo, razão pela qual a empregamos neste trabalho.

D.4 REDES SOCIAIS DE APOIO

Na literatura, encontramos várias denominações sobre o assunto "da ajuda", aqui entendido como rede social de apoio: sistema de suporte social, rede pessoal social, rede social significativa etc.

Sluzki (1997, p. 42) define a rede de suporte social como o "conjunto de todas as relações que um indivíduo percebe como significativas, que o distingue da massa anônima da sociedade". Nesse sentido, a rede inclui todo o conjunto de vínculos interpessoais do sujeito: família, amigos, colegas de trabalho, de estudo, de inserção comunitária e de práticas sociais.

Saranson e colaboradores. (1983) consideram um outro aspecto: "a existência ou a utilização de pessoas de quem podemos depender para cuidados, afetos, valores etc." (p. 127-39.)

Dobrof (1997), interessada em investigar os sistemas de suporte social para pessoas idosas, distingue os suportes em informais e formais.

Os informais são definidos pelas redes de relacionamentos entre membros da família, amigos e vizinhos.

"Os formais incluem hospitais, centros de idosos, agências de tratamento de saúde domiciliar, clínicas de tratamento e os indivíduos que fazem parte do *staff* destas organizações formais." (Dobrof, 1997, p. 51)

Heitzmann e Kaplan (1988), preocupados com instrumentos de medidas para avaliar suportes sociais, apontam uma outra distinção quanto aos tipos possíveis de suporte: tangíveis e não tangíveis. Os tangíveis referem-se aos suportes materiais, físicos, financeiros etc., enquanto os não tangíveis dizem respeito, por exemplo, ao aconselhamento, à orientação, guia etc.

Hanson e colaboradores (1989, p. 100-111), por sua vez, destacam três categorias da rede de apoio social, a saber:

1. Ancoragem social – descreve o nível de envolvimento com grupos formais e informais e o quanto é ancorado por eles. Os autores enfatizam o aspecto do sentimento de pertencimento aos grupos antes apontados.

2. Contato frequente – é o número de vezes que a pessoa entra em contato com outras pessoas, família, parentes, vizinhos, amigos, colegas de trabalho etc.

3. Participação social – descreve a maneira como a pessoa participa ativa ou passivamente dentro dos grupos.

Neste estudo, apoiamo-nos nesses autores para conceber a rede social de apoio incluindo, no entanto, a dimensão espiritual, religiosa, na medida em que os sujeitos do estudo pertencem a uma sociedade, em que os valores religiosos, místicos integram o seu modo de existir, seu modo de pensar e seu modo de crer, principalmente em momentos extremamente estressantes da vida, como é o caso da perda do nenê.

Outro aspecto a ressaltar nesta concepção, além dos pontos assinalados que envolvem o outro (pessoas, família, parentes, vizinhos, amigos, colegas, instituições, organizações e até o ser divino etc.), é que essa rede, tal qual entendida neste trabalho, deve também levar em consideração a própria pessoa, centro de atenção da rede. Isto é, o eu e o outro fazem parte constitutiva da rede social de apoio. É preciso acentuar que é na relação entre o eu e o outro, outro com o outro, que se estabelece a rede de relações.

Feitas essas considerações iniciais, passemos à análise do material de nosso estudo no que diz respeito a esta categoria. No presente estudo, ficou evidente a necessidade de uma "rede de apoio" depois da perda do bebê, no sentido de ajudar essas mulheres a superarem a experiência vivenciada com tanto sofrimento.

Os relatos deixam claro que a rede de apoio foi sustentada por três pilares: a igreja, a família e o serviço de saúde, este principalmente na figura do psicólogo. É importante ressaltar que esses apoios referidos pelas mulheres entrevistadas variaram em tamanho e intensidade.

Marilsa e Mariana evidenciam bem o apoio da religião, no sentido de ajudá-las a enfrentar a fase que estavam atravessando:

> *Foi primeiramente a minha fé a Deus... e o pastor da minha igreja, que hoje mesmo ele veio ver como eu estava, porque ele me vê na igreja, mas não tem como conversar, porque são muitos irmãos... e hoje eu conversei com ele bastante... Ele também passou por isso porque perdeu o pai há pouco tempo... ele falou que é difícil, mas a gente se conforma.*
>
> *Porque ele não é só um pastor, ele é um amigo, ele é a melhor pessoa, como qualquer um de nós, ele é um amigo. Esse pastor é a melhor pessoa que podia acontecer na minha vida no momento pra me ajudar foi ele... que quando eu acordei na UTI, ele já estava lá do meu lado sempre me conformando... da maneira mais possível... sem dor... sem revolta, ele me ajudou bastante.*
>
> *Eu passei na psicóloga, mas o meu psicólogo mesmo foi meu pastor... ele foi o melhor psicólogo que Deus poderia ter colocado na minha vida foi ele...* (Marilsa).
>
> *Eu posso afirmar para você... se não tivesse a minha prática... eu tinha enlouquecido de verdade. Eu acho que a minha prática foi fundamental na minha vida, isso eu tenho tão claro na minha mente.*
>
> *Naquela noite que eu acordei uma hora da manhã, a minha vontade, Alba, era de acordar todo mundo, o mundo inteiro..., mas no fundo, tinha uma coisa dentro de mim que não ia adiantar nada... eu só ia assustar todo mundo. Aí eu sentei na frente do meu goronzo e na minha nan-myo-ho-ren-gue-kyo, fazia várias vezes, fazia do fundo do meu coração.*

> *Quando eu olhei para a janela... isto é tão claro na minha mente... já estava dia... nem percebi. A gratidão que eu tinha pela minha família, me fez com que eu não acordasse eles... porque eu precisava deles todo mundo em pé, todo mundo inteiro, porque eu não sabia como eu ia ficar depois daquilo. Se eu estava desesperada naquele momento, o meu amanhã eu não sabia como eu ia estar... então eu pensava assim... que todo mundo precisava dormir... para me apoiar depois* (Mariana).

Para Marilsa, o apoio da igreja se deu primeiramente pela sua fé em Deus, e pela figura do pastor, que era uma pessoa amiga, solidária, presente nos momentos difíceis, conformando-a sem "dor", "sem revolta". Ela conclui que, apesar de ter sido atendida pela psicóloga, que também a ajudou, o pastor foi o "melhor psicólogo que Deus colocou em sua vida".

Mariana também evidencia a importância da sua fé, na "prática" budista, como fundamental nos momentos mais críticos da depressão. Acrescenta a esperança na ajuda da família.

Sobre o apoio da psicóloga, Marilsa e Mariana relatam:

> *A psicóloga... ela me ajudou bastante entendeu, porque ela me fez ver que eu tinha que continuar vivendo..., mas ela falou para mim, que só eu posso tirar isso de dentro de mim... por mais ajuda só eu mesmo posso me libertar e ficar livre. Ela falou que é difícil, mas com o tempo eu conseguiria... como agora eu já consegui bastante... viver por esses daqui* (Marilsa).

> *Aí foi quando eu procurei um psicólogo, conversei com ele... e até então ele não me satisfez... Aí eu procurei uma psicóloga... e ela me satisfez, porque eu conversei com ela sobre o que tinha acontecido... falei que eu tinha percebido que o bebê não estava bem... falei do crânio da ultrassonografia tal, aí ela explicou para mim... que eu não era uma coisa estragada... que nem por isso outros filhos que eu viesse a ter, que fosse acontecer a mesma coisa...*

> *A minha preocupação era com as minhas filhas... também, e eu perguntei em relação às minhas filhas... e ela falou assim... para mim: não tem nada a ver... de repente, o que aconteceu com você... foi uma má divisão de células, na hora da formação do bebezinho, que isso pode acontecer com qualquer pessoa... aí ela me satisfez* (Mariana).

Interessante observar que Marilsa relata as orientações da profissional com relação à sua atitude diante da perda, enquanto Mariana refere-se à ansiedade no sentido de compreender a malformação na cabeça do nenê, e a psicóloga esclareceu que poderia acontecer com qualquer um. Fazia uma associação do problema do nenê com um problema dela, no sentido de "ser uma coisa estragada".

Outro ponto fundamental de apoio, foi da família, na figura do marido:

> *Mas o meu marido não, meu marido determinou uma coisa... ele foi embora, mas a gente tem que cuidar dos que estão aqui... cuidar deles e da gente... e o resto não importa, a gente vai superando aos poucos.*
>
> *Então meu marido é uma pessoa maravilhosa... ele é a melhor pessoa de tudo que podia aparecer na minha vida é ele... ele está sempre me conformando, como eu sei que ele também sente as dores deles, mas ele não demonstra... ele está sempre ali para curar a minha, a dele não importa... ele não é só marido não ele é bom pai, é o melhor amigo que nós temos aqui dentro... Meu marido é assim uma bênção dos céus, pelo menos o meu eu creio que sim. (risos)*
>
> *Que ele é assim, ele vive por nós, se preocupa com a gente que com ele mesmo... é um pai maravilhoso. Às vezes quando eu começo a falar do nenê para ele, ele já muda de assunto, liga o rádio, me tira para dançar, põe os meninos para dançar, para todo mundo se animar... ele me vê triste liga o rádio e fala vamos dançar e esquece tudo... Se tem alguma coisa para fazer, ele deixa para fazer depois.*
>
> *Eu falo que eu queria... ele fala, eu também queria, mas não só por isso nós vamos perder a vida da gente... nós temos muito pela frente* (Marilsa).

A figura da mãe, para Marilsa, apesar de ser distante, também se apresentou como fundamental, pois ela tinha experiência de perda semelhante à dela, e, de alguma maneira, tentou chamá-la à responsabilidade no momento da depressão, tentando passar a sua experiência.

> *A minha mãe, eu tenho pouco contato com ela, mas já perdeu nove filhos e ela sabe a dor que é... ela foi me ver no hospital, mas procurou não comentar... porque tudo que ela tinha passado também, eu estava passando, ela já passou por isso também... Não de ficar no estado que eu fiquei, em cima de uma cama de ficar inconsciente ..., mas ela perdeu foi nove. Ela simplesmente*

> *falou: eu perdi nove e nunca pedi para morrer... eu sempre quis ficar aqui na terra para cuidar de vocês que estavam vivos... ela falou o que você está fazendo é muito errado, você põe a mão na sua consciência e pensa bem o que você está fazendo...*
>
> *Porque isso é um estado de loucura, uma pessoa normal não faz isso... ela falou isso é para uma pessoa que está completamente louca* (Marilsa).

Outros depoimentos reafirmam a ajuda das duas bases de apoio, a religião e a família, como os de Cristina e Alzira:

> *Os parentes, meu marido, eu sou evangélica, sempre eles vêm orar aqui...*
>
> *A minha família me dá muito apoio, fala que eu sou nova ainda... dá para eu ter mais se eu me tratar, aí eu fui levando...*
>
> *Meu sogro também deu muita força para a gente, falou muito de*
>
> *Deus, ensinou também a gente aguentar a barra. Ele consola muito a gente... e a gente vai levando...* (Cristina).
>
> *Eu sempre vou na igreja com meu esposo, me dá muita força... Ontem veio uma irmã minha, que mora em São Paulo... ficou um pouco comigo* (Alzira).

As falas de Cristina e Alzira põem em relevo a força da associação: igreja-família, como fontes fundamentais de apoio para o enfrentamento da situação. A religiosidade da família é colocada como uma âncora para "aguentar a barra", "dar força", "consolar" num momento de fragilidade dessas mulheres.

As duas mulheres solteiras – Ane e Antônia – ressaltaram a importância da família como apoio:

> *Os meninos... eu acho que se não tivesse filho, daí que... nossa senhora, eu acho que eu ia ficar doida. Porque perder um filho... não é fácil não, eu nunca tinha passado por isso... Pensava que era fácil, mas... não é não....*
>
> *O que me ajudou mesmo foi minha família, porque o resto...* (Ane).
>
> *O que está me ajudando a levar a vida, porque se ficar desse jeito, não dá... A minha irmã me ajuda* (Antônia).

Ane referiu-se à importância da existência de outros filhos (senão ficaria "doida") e também da família, pois morava com a mãe e uma irmã. Antônia reportou-se à ajuda da irmã, com quem morava.

Apesar de a maioria das mulheres referirem que receberam o apoio da família, Mariana, entretanto, relata que sua família não estava preparada para enfrentar a situação:

> *Eu lembro meu marido acordou... eu contei para ele...* [da noite que passou mal] *mas ele não me deu muita atenção. Por isso que eu falo para você... a família não está preparada para uma situação assim... a pessoa, sabe... a pessoa acaba sendo privada desta parte* (Mariana).

Considerando sua experiência, Mariana colocou seu ponto de vista, de como deveria ser o apoio da família, para alguém que tivesse sofrido a perda de um bebê:

> *Que tipo de atenção... Eu acho assim: não sair tanto de casa... ficar mais próximo, porque eu acho que só o contato, de você estar vendo... sentindo. No meu caso da perda... eu precisava de uma pessoa 24 horas... porque eu precisei, mas não soube pedir.*
>
> *Sabe, pessoas na casa... eu senti falta de pessoas... por quê? Se o bebê tivesse aqui... seria o suficiente... ele preencheria tudo... Por isso eu precisava de pessoas... eu acho que a presença da mãe é fundamental... porque é o respaldo. É coisa de mulher, mas é importante... Talvez nem muitas pessoas, mas a mãe... uma amiga... uma pessoa que você gosta muito... Acho que isto faltou para mim* (Mariana).

Para Mariana, seria muito importante a presença constante de alguém, ressaltando a figura da mãe, de uma pessoa amiga e justificou que, se o bebê estivesse presente, ele "preencheria tudo".

Marilsa, além de expressar de forma semelhante a Mariana, acrescentou:

> *É procurar uma pessoa amiga, assim que possa ajudar que ajuda bastante... O diálogo com uma pessoa assim entendida, com uma pessoa de cabeça ajuda bastante... é até melhor que o psicólogo ... muito melhor... a pessoa se abre, você fala o que sente, você pode chorar e ela está ali para te ajudar... sem te fazer chorar entendeu, te ajuda sem as tuas lágrimas caírem...* (Marilsa).

Marilsa complementa o que Mariana havia sugerido: a presença de uma "pessoa amiga", para que se possa abrir, falar, chorar, "que estaria ali para ajudar".

Marilsa relatou também que a doença de sua filha ajudou muito para que ela começasse a "reagir" frente à perda do bebê:

> *Faz três meses eu vi essa minha nenê de dois meses quase morrendo, ela estava com começo de leucemia... então eu mesmo comecei melhorar bastante, ser uma pessoa normal, para eu cuidar dela... porque eu tinha perdido um, não queria perder a outra. Porque tinha 20 dias que eu tinha perdido ele... quando eu soube que ela estava com começo de leucemia... então eu comecei assim a reagir melhor, porque essa daqui precisa de mim, todos precisam, mas ela precisava mais, porque ela depende de mim para sobreviver...*
>
> *Ela pegou leucemia no sangue e o médico falou assim que podia ser um início de um câncer no sangue... e em três meses ela poderia morrer... e, ao contrário, vai fazer nove meses e ela está ótima... A minha fé em Deus é maior.*
>
> *Ah... eu tinha que viver, tinha que melhorar mais, tinha que ser uma pessoa normal para cuidar da minha filha... Porque ele morreu na barriga eu não cheguei a conviver com ele, assim, brincar... como ela, é diferente, ela é uma pessoa muito especial... igualzinho a ele, é muito especial para mim... como todos. Ela é uma criança carinhosa, meiga, doce, não larga de mim para nada.*
>
> *O médico falou: você vai ter que dar de você para ela... você tem que dar carinho, amor e os cuidados... e para isso você tem que estar ótima para cuidar dela... porque se você estiver nervosa, impaciente como você está... ela não vai ficar boa, porque ela precisa de carinho...*
>
> *Ela engordou bastante, está com 12 quilos... ela tinha 22, ficou com 6 está com 12... Ela me ajudou, porque no momento que eu soube que ela poderia partir em três meses, que o médico falou que ela podia partir em 3 meses... eu tinha que cuidar dela* (Marilsa).

O não apoio da família também é criticado por Marilsa:

> *Minha família é aquele negócio... quanto mais puder te ver com dor... parece que é a alegria para eles... achando que o médico era culpado, queriam desenterrar o nenê, fazer vários exames para saber na verdade por que ele morreu* (Marilsa).

A partir desses depoimentos, com tanta riqueza de expressão e detalhes, pudemos observar a importância da rede social de apoio às mulheres, após a perda do bebê. Essa rede de apoio foi muito importante para dar-lhes o conforto e conseguirem "sobreviver" após o impacto doloroso da perda do bebê. Ficou evidente, para a maioria das mulheres, o apoio de dois pilares principais: a família e a religião e, para algumas mulheres, apareceu, mais fugaz, o apoio de um profissional de saúde, o psicólogo.

Lançando um olhar sobre as redes sociais de apoio a nossas entrevistadas, percebemos que elas foram tecidas com muitos fios, marcantes para muitas e débeis para algumas delas; fios fortes, sólidos, resistentes e alguns quebradiços, formando um conjunto significativo de redes distintas, coloridas, vivas, amigas e solidárias, em meio ao sofrimento, dor pela perda. O contexto familiar representou um desses fios presentes, próximos, compartilhando com as mulheres esse momento triste e solitário. Buscaram apenas apaziguar o trágico momento, invocando a presença amiga de mães e pessoas que realmente eram significativas para elas, aspirando apenas ver, sentir, dialogar com elas. Desejavam tão somente estabelecer, de modo intangível, o apoio de que tanto necessitavam. Não ouvimos ecos de vozes de instituições que primam, que arrotam que cuidam da saúde das mulheres. Onde estariam? É preciso constituir novos fios para formar uma trama que realmente possa ser integrada às redes existentes.

A fé no divino, a presença do pastor da igreja constituiu-se em fios poderosos à formação e consolidação dessa rede, formando uma ponte entre o mundo terreno e o mundo transcendental. A fé, como caução, conformou-as, reconfortou-as. O testemunho do pastor (recente perda de seu pai) confere um estatuto de verdade a seus argumentos, partilhando a mesma dor da perda.

Na frase "*ele* (pastor) *também passou por isso, porque perdeu o pai há pouco tempo... ele falou que é difícil, mas a gente se conforma*", podemos perceber que ela está sustentada pelos argumentos[2] de testemunho e de autoridade, de acordo com Breton (1999, p. 76), que afirma:

> [...] O real descrito é o real aceitável porque a pessoa que o descreve (em nosso caso, o pastor) tem autoridade para fazê-lo. Esta autoridade deve ser evidentemente aceita pelo auditório (a entrevistada) para que ele(a), por sua vez, aceite como verossímel o que lhe é proposto.

---

[2] Perelman, citado por Breton (1999, p. 19), assim define a argumentação: "estudo das técnicas discursivas que permitem provocar ou aumentar a adesão das pessoas às teses que são apresentadas para seu assentimento".

Trata-se, sem dúvida, de uma autoridade baseada em uma função exercida que dá, assim, uma legitimidade, uma competência ao discurso.

Ainda com relação ao papel da religião, encontramos na literatura explicações para os achados de nosso estudo.

Segundo Assis (1999, p. 101):

> A religião traz um modo de conhecer e explicar o mundo, de construir um cotidiano de existência, ou simplesmente de superar/ suportar o cotidiano, associando-o à esperança.
>
> Macedo, citado pela mesma autora, reconhece a importância da religião, especialmente em situações de crise, ao afirmar: em qualquer sociedade, a religião define um modo de ser no mundo em que transparece a busca de um sentido para a existência. Nos momentos em que a vida parece ameaçada, o apelo religioso se torna mais forte.

Para Neumann, citado por Savage (1989, p. 43), "através da experiência da morte, o homem penetra no domínio transpessoal que une a vida e a morte". Com o conhecimento desse elemento transpessoal, o indivíduo, então, experimenta a mudança. A forma dessa mudança pode ser uma renovação na crença religiosa preexistente ou uma espiritualidade idiossincrática única para o indivíduo.

Nesse sentido, nosso estudo reafirma dados de Knapp, citado pela mesma autora, que identificara em estudo que mais de setenta por cento das pessoas que passaram pela perda de um bebê tiveram renovada e intensificada a sua crença na dimensão espiritual (*apud* Savage, 1989, p. 43).

D.5 MENSAGEM PARA MULHERES E PROFISSIONAIS

Esta categoria não estava presente nas entrevistas ponto zero, mas foi incluída a partir da primeira entrevista, realizada com Mariana, que, quase ao final, espontaneamente, teceu comentários, à guisa de ajudar outras mulheres em situação semelhante:

> *Quando eu li aquilo que você me deu na primeira página... se for para ajudar alguém, meu objetivo de fazer com você a entrevista, foi isto... ajudar a que realmente... as mulheres*

> *se certifiquem se elas estão realmente preparadas para uma gravidez... (Mariana).*

A partir da entrevista com Mariana, passamos a indagar às demais mulheres se gostariam de dar alguma mensagem, diante do que todas o fizeram, sendo que quatro dirigiram para mulheres e duas, para médicos.

Assim Mariana justifica:

> *Eu tenho resposta para tudo o que aconteceu comigo... a única coisa que eu acho... que eu posso pedir, porque todas vão pedir alguma coisa.*
>
> *Mas eu, o que eu peço, é que as meninas se preparem melhor para ter uma gravidez, porque a gente precisa estar bem... o organismo precisa estar forte... precisa estar saudável.*
>
> *Na realidade, de tudo isso que aconteceu... tudo... tudo... eu não estava preparada. Quando a gravidez veio... nossa... para mim ... vou me cuidar o máximo.*
>
> *Para começar, primeiro tinha dado o cisto de ovário... aí vou e fico grávida... eu acho que eu não estava preparada. Não foi planejada não, eu acho que as gravidezes têm que ser planejadas.*
>
> *Os médicos me garantem que não tinha nada a ver..., mas eu acho que teve sim, ninguém me tira isso da cabeça...*
>
> *Eu sei que é muito difícil, uma pessoa assim... sabe fazer uma preparação para ficar grávida..., mas eu acho necessário... porque sofre demais o bebezinho... quando a gente não está preparada para estar grávida... Porque eu sinto que eu não estava... porque... eu fiquei tão inchada... tão inchada... meu rosto ficou redondo, meu olho sumiu... Acho que é muita boa sorte... estar aqui hoje... Então eu acho que esta preparação para estar grávida é fundamental... (Mariana).*

Mariana, no intuito de colaborar para o estudo, fez sugestões a outras mulheres, no sentido de alertar sobre muitos pontos que deveriam ser refletidos por elas. Chama atenção para a necessidade de preparação adequada para a gravidez, no sentido que o organismo esteja "forte e saudável", e justifica com sua própria experiência que, por não ter planejado, acarretou sofrimento ao bebê e a si própria.

Marilsa, Alzira e Antônia fizeram sugestões quanto aos cuidados durante a gravidez:

> *No momento eu não tenho mensagem não... mas eu só gostaria assim... uma mãe quando está grávida... eu sempre fui assim grávida... procurar se cuidar. A gente tem aquela teimosia de não poder arrastar coisas e a gente faz, tem que fazer aquilo lá, sabe que não é para fazer e a gente faz.*
>
> *Mas essa gravidez foi diferente, essa gravidez eu fiz tudo o que ele me pediu... até mesmo uma coisa que eu não suporto, que é ficar em cima de uma cama... eu ficava direto* (Marilsa).
>
> *Eu acho assim que cada uma tem que se cuidar mais... tem que sempre constante fazer o pré-natal, ver se a pressão é alta. Se não for cuidar no início... Como eu não tive muita experiência da primeira menina e dessa agora também não foi descuido, porque eu sempre estava no Posto, cuidando da minha saúde..., mas não foi possível... Acho que cada um tem que cuidar de medir sempre a pressão, para ver como está a pressão.*
>
> *Eu mesmo só media a pressão quando ia fazer o pré-natal. Depois dessa que eu perdi, agora eu vou ficar mais atenta ainda* (Alzira).
>
> *Eu acho que se as mulheres souberem antes que elas estão assim, acho que elas têm que se tratar, para não perder a criança igual aconteceu comigo... e fazer de tudo para não perder, senão depois que perder não tem mais jeito... (choro) ...* (Antônia).

Marilsa sugere mais cuidados durante a gravidez, não fazer coisas como "arrastar coisas"; Alzira ressalta os cuidados e a importância de fazer o pré-natal, medir a "pressão", para ver se não está alta, como foi o seu caso; e Antônia pede para que as mulheres se "tratem" para "não perder a criança" como ela, e chora no final.

Além de mensagens direcionadas aos cuidados da saúde e do corpo, Marilsa, Cristina e Rosângela também orientam quanto à parte espiritual, ao apego à religião, a Deus.

> *Minha mensagem é essa, quando alguém estiver passando qualquer tipo de problema muito sério como eu passei... primeiramente, coloque seu joelho no chão e ore a Deus... para ele confortar... pedir conforto para o coração, porque é duro..., mas não fazer as loucuras que eu fiz... chegar de igreja em igreja e fazer pedido de oração sem os pastores saber para que..., mas na verdade pedindo para tirar a própria vida...*

> *Eu peço não pensar nisso, mas colocar seu joelho no chão e pedir a Deus o conforto... Deus dê uma luz para ela ir se recuperando... e é isso.*
>
> *Então minha mensagem é esta, que quando alguém estiver passando pelo que eu passei, que eu espero que isso não aconteça..., mas como a gente não é ninguém para prever isso... em primeiro lugar coloque o joelho no chão e ore a Deus... ore muito a Deus e pede conforto para o seu coração...*
>
> *A melhor forma de se ajudar é se apegar em Deus... amigo ajuda bastante, mas em primeiro lugar fé em Jesus e pedir para ele... é o que mais... conforta a gente* (Marilsa).
>
> *Para não desanimar, as mulheres não desanimar, porque é duro a pessoa perder, mas confia em Deus, que Deus resolve todas as coisas... Está escrito na Bíblia que não cai uma folha da árvore se Deus não permitir. Então se Deus tirou meus filhos... é porque ele sabe por que que é... Quando ele quiser me dá... olha é seu esse aqui. Ele vai dar no dia certo. É duro, mas... não pode perder a fé também... É só se apegar a ele que consegue... Deus sabe por que eles não ficaram... (risos) Às vezes até é um erro meu ou do meu marido, sei lá... De repente a gente fez uma coisa que não agrada a Deus, ou não estou preparada para aquilo ainda ...* (Cristina).
>
> *Para mulheres se conformar que é plano de Deus... Deus quis assim... que nós perdesse...* (Rosângela).

Marilsa orienta às mulheres que passarem por um problema como o dela que "orem a Deus", e não façam as "loucuras" que ela fez, ao pedir nas igrejas para que sua "vida fosse tirada", quando Deus foi quem mais a "confortou".

Cristina, por sua vez, orientou para que as mulheres "não desanimassem", que "confiassem em Deus" e que Ele resolve tudo, e que se Ele tirou os filhos é porque ele sabia o porquê: talvez não fosse a hora ainda, ou talvez ela e o marido "não estivessem preparados", ou teriam feito alguma coisa que "não tivesse agradado" a Deus.

Rosângela também concordou com Cristina, no sentido de que as mulheres deveriam se "conformar", e que a perda foi um "plano de Deus".

Ane dirigiu sua mensagem aos médicos:

> *O que eu vou falar... só assim, quando for uma mulher, que como eu direto lá para eles atenderem, porque a gente tem vez que*

> *fala a data certa e eles falam que está errado, mas está certo... não é como eles pensam que é, eles têm que ver o lado da gente também não só o lado deles ... é isso.*
>
> *Ele ia ser salvo sim se na quinta-feira se eu tivesse ficado internada, se eles tirassem o nenê e colocado numa incubadora essas coisas ele salvava... O médico falou que ele era de 7 meses, onde já se viu... (Ane).*

Ane reafirma a sua "crítica" aos médicos, que não a ouviram, achando que "ela estava errada" na previsão da data do nenê nascer; no seu entender, se eles a tivessem ouvido, o nenê teria se "salvado", assim ela acha que os "médicos precisam ouvir as mulheres".

A partir da análise desta categoria, pudemos perceber que as experiências vivenciadas pelas entrevistadas propiciaram, entre outras coisas, o aprendizado de uma série de conhecimentos, que agora elas se sentem com capacidade de transmitir a outras pessoas, sob a forma de conselhos.

Ao nos reportarmos à literatura, encontramos em Benjamin (1987, p. 198) a ideia de que "A experiência que é passada de pessoa a pessoa é a fonte a que recorrem todos os narradores. E, entre as narrativas escritas, as melhores são as que menos se distinguem das histórias orais, contadas pelos inúmeros narradores anônimos." E prossegue o mesmo autor:

> O senso prático é uma das características de muitos narradores natos. [...] Tudo isso esclarece a natureza da verdadeira narrativa. Ela tem sempre em si, às vezes de uma forma latente, uma dimensão utilitária. Esta utilidade pode consistir seja um ensinamento moral, seja uma sugestão prática, seja um provérbio ou numa norma de vida – de qualquer maneira, o narrador, é um homem que saber dar conselhos. [...] Aconselhar é menos responder a uma pergunta, que fazer uma sugestão, sobre a continuação de uma história que está sendo narrada. [...] O conselho tecido na substância viva da existência tem um nome: sabedoria (Benjamin,1987, p. 200).

D.6 PERSPECTIVAS

Ao final de cada entrevista, perguntamos para cada mulher o que estava pensando em fazer daquele momento para frente, quais seriam os seus planos para o futuro.

Para a maioria das mulheres estes planos incluíram a necessidade de trabalhar, como foram os relatos de Mariana, Marilsa e Ane:

> *O que eu faço hoje... hoje eu preparo mais aulas, eu participo de mais cursos... porque o país é você. Não adianta ficar jogando tudo nas costas do governo tudo. O desemprego está aí... devemos usar a criatividade. De repente na teoria é fácil, na prática é difícil, não adianta a gente ficar assim. Eu acho que o ano 2000, é para os criativos... Eu acho que a gente deveria ser mais ativo, a gente tem 24 horas, não tem?, a gente não usa 5 horas... se for analisar... a gente joga tudo para o alto. O tempo é muito valioso... acho que a gente tem que valorizar mais esse tempo.*
>
> *Para você ter uma ideia, eu sei disso tão bem, porque foram seis meses de gravidez muito bem vivida... muito bem vivida mesmo... eu vivi aquela gravidez com toda a intensidade... é como se eu estivesse adivinhando, que ele não ia ficar. Então você tem que viver sempre... não parar nunca... com responsabilidade* (Mariana).

Mariana, professora, diz que estava dando mais aulas, participando mais de cursos e chamava atenção para a responsabilidade de cada um, enquanto cidadão, perante o país, que não se podia esperar tudo do governo, que deveríamos usar criatividade, que isso seria importante no ano 2000. Reafirmou a necessidade da "valorização do tempo", que as pessoas deveriam aproveitar mais, baseada no tempo de sua gravidez, e viver mais, que não deveríamos "parar nunca" e ter "responsabilidade".

Marilsa também relatou a necessidade de trabalhar:

> *É isso aí... cada dia mais melhorar... Agora no momento o que eu preciso mesmo para melhorar é trabalhar... Fiquei sem trabalhar esse tempo, porque eu vendo flores, eu não podia nem vender flores porquê... quando eu saía para rua todo mundo perguntava e a barriga e o nenê, então aquilo me chocava mais ainda daí eu parei... Ficava dentro de casa trancada, ninguém me via nem no quintal... os vizinhos vinha me visitar, mas tem aqueles vizinhos que procura te machucar naquela feridinha lá embaixo... mas tem uns que não que procura te levantar... De um mês para cá eu estou uma pessoa normal... estou tão normal que eu estou calma... sem precisar tomar calmante, o meu calmante é Jesus... é o melhor calmante...*
>
> *Agora me vejo uma pessoa normal... se alguém precisar de mim, estou aqui para ajudar... e ir para frente* (Marilsa).

Marilsa informou que, anteriormente, não conseguiu trabalhar, porque depois da perda do bebê ela se chocava com os vizinhos que "perguntavam da barriga", por isso, ela se trancou em casa, mas afirmou que "de um mês para cá" sentia-se uma "pessoa normal", que estava calma, e que se alguém precisasse dela, já poderia ajudar, e "ir para frente". É interessante observar que a dificuldade que esta mulher teve, até para sair de casa e enfrentar todos os questionamentos sobre a perda do nenê.

Ane também colocava sua intenção em relação ao trabalho:

> *Criar os meninos e... sei lá... arrumar um serviço, trabalhar que eu tô desempregada... trabalhar para ajudar minha mãe também... essas coisas...*
>
> *Não é que um filho vivo que faz diferença do morto, eu acho... Carregar nove meses na barriga para depois... nascer morto... eu acho. Se ele tivesse nascido vivo, do mesmo jeito que eu criei os outros eu ia criar ele, do mesmo jeito... Mas já que aconteceu isso... só rezo toda noite e peço que descanse em paz ... um anjinho... não viu nada..., nem chegou a mamar em mim nada... Eu não esqueço não... (Ane).*

Ane afirmava a necessidade de "trabalhar para criar os filhos" e ajudar a mãe, e dizia que, se o nenê tivesse nascido vivo, o criaria assim como os outros, que "não se esquecia dele", que rezava todas as noites, para que ele descansasse em paz, e identificava-o a "um anjinho", pois "não viu nada" e "nem chegou a mamar" nela. Para Alzira, Rosângela e Cristina os planos referiam-se em relação à uma próxima gravidez:

> *A eu pretendo ficar grávida no ano 2000... se Deus quiser. Mas a próxima vai dar certo... se Deus quiser.*
>
> *Eu ia até vender o berço, mas o meu marido falou, deixa aí guardado.*
>
> *Quando eu abro a gaveta, cheiro as roupas... Eu lavei com amaciante, coloquei um pouco de álcool, para esterilizar bem. Eu olho a gaveta, cheiro a roupa... fico triste, fico mais emocionada quando converso com alguma pessoa.*
>
> *Eu olhava todo dia, mas agora eu amarrei um plástico, encostei um sofá para não ficar olhando toda hora... e não ficar lembrando...*
>
> *As coisas do nenê está tudo aí... essa menina [prima do marido] que mora comigo, inclusive ela vai usar o berço, o enxoval...*

> *Ela tá grávida de 7 meses... ela mora aqui comigo, depois eu guardo tudo de novo.... Praticamente quem vai criar esse filho aí, eu acho vai ser eu... vou registrar no meu nome se Deus quiser... Isso se o pai não quiser, porque ele mora aqui perto... Porque ela não tem condições de criar, ela mora comigo (Alzira).*

Alzira manifestou seu desejo de "engravidar" novamente no ano 2000, referia ter guardado o berço e enxoval, e que ainda se "emocionava" quando via as roupas do nenê, entretanto que seriam "doadas" ao bebê da prima de seu marido, que estava grávida de 7 meses. Relatava a intenção de criá-lo e registrá-lo, caso o pai da criança não o fizesse.

Entretanto, Rosângela e Cristina não pretendiam engravidar em curto espaço de tempo:

> *Não quero ter filho tão cedo... só quando a minha filha tiver bem grandona, tiver moça já... (Rosângela).*

> *Eu tô pensando em viver... tão cedo não quero criança... Pegar minha saúde primeiro... ficar mais forte, aí quem sabe mais para frente... fazer tratamento para ver se tem alguma coisa mesmo ou o meu marido, se não tiver nada...*

> *É importante sair da rotina um pouco também, só enfiado dentro de casa. Meu marido, só do trabalho para casa, de vez em quando a gente vai para a igreja. Eu também só fico dentro de casa... a gente nem sai, só eu e ele... Tem que sair um pouco para se distrair... esquecer um pouco os problemas, ajudar ele. Porque ele estava querendo sair da igreja...! Eu vivo bem com ele. (risos) No começo eu tinha problema com ele, porque ele ficava bebendo, por causa da igreja, eu não gostava disso, ele ficava bebendo com os amiguinhos dele por aí. Agora ele não bebe mais, mudou depois que ele foi para igreja, mudou cem por cento. Ele ficou revoltado. Os outros fala que ele ficou revoltado porque eu não tenho filho, e ele não fala que não é isso (Cristina).*

Rosângela referiu que só queria engravidar quando sua filha estivesse "moça", e Cristina, que ainda não tinha nenhum filho, por ter perdido todos, também pretendia engravidar após um tratamento. Pensava "viver", sair da rotina, ajudar o marido a enfrentar os problemas, que tinha saído da igreja e voltado a beber, talvez por revolta dela não ter filho, mas que teria voltado novamente para a igreja e mudado cem por cento.

E, por fim, Antônia colocava seus planos com relação aos estudos e casamento:

> *Eu estou estudando para ver se me formo em alguma coisa, fazer minha vida, não, eu estou indo em frente...*
>
> *Eu estou pensando em me tratar primeiro dessa infecção aí se casar, [já estava namorando] ... casar para não acontecer de engravidar e a pessoa não querer assumir (choro) ...casar e depois que eu tiver curada dessa infecção aí quem sabe com mais idade... quem sabe ver se eu tenho outro... (choro) ...porque desse jeito não... (choro) ... O médico disse que eu não posso ter filho desse jeito com essa infecção, senão eu perco de novo... (Antônia).*

Antônia pretendia continuar estudando, se "formar" em alguma coisa, fazer a vida e estava "indo em frente", pretendia tratar da infecção e se casar, pois já estava namorando, e só depois é que pretendia ter outro filho, para não passar os problemas já vividos.

Ao término dos relatos das mulheres, percebemos que, naquele momento da entrevista, todas expressavam uma perspectiva de futuro, seja em relação ao trabalho, a uma próxima gravidez, ou aos estudos e o casamento. Ressaltou-se como ponto comum, em todos os depoimentos, a visão do futuro, do ir para a frente, além disso, a maioria delas tinha manifestado a intenção de ajudar outras pessoas, que já estariam preparadas. Dessa maneira percebemos que elas tinham deslocado o foco do seu problema, a perda do bebê, como centro de suas preocupações, e que já tinham uma visão do futuro, projetado no presente.

As perspectivas relatadas pelas mulheres de nosso estudo vêm corroborar o pensamento de Shutz (1979, p. 74):

> [...] O homem na sua vida diária tem a qualquer momento um estoque de conhecimentos que lhes serve como um código de interpretação de suas experiencias passadas, presentes e determina suas participações das coisas futuras. Este estoque de conhecimentos a mão tem sua história particular. Foi constituído de e por atividades anteriores da experiencia de nossa consciência, cujo resultado tornou-se agora de posse nossa, habitual.

Segundo Souza (1998, p. 164),

> Nas palavras de Dewey (apud Schultz, 1979), deliberar significa um ensaio dramático na imaginação de várias de várias linhas de ação concorrentes possíveis. A escolha implica, portanto, projeta, tecer fantasias dentro de um

quadro de acontecimentos e conhecimentos já incorporados pela experiência.

Interpretar envolve a utilização de quadros de referência, ou seja, de um estoque de conhecimentos à mão, herdado de uma tradição cultural, mas sempre renovado a partir dos novos acontecimentos e conhecimentos. O estoque de conhecimento acessível tem o caráter aberto a retificações ou corroborações de experiências por vir. [...] É o projeto formulado aqui e agora, que dita o que é relevante ou não na situação. É a projeção de um mundo futuro e o retorno ao presente, em que aquele mundo perfeito e acabado é trazido à cena, o que determina o conhecimento do mundo presente.

Segundo Savage (1989, p. 131),

A despeito do desejo da consciência de escapar à dor da angústia, as pessoas que perderam alguém se voltam para dentro si, para a sua tristeza, e exploraram a profunda interioridade da perda porque passaram, onde o self e a alma encontram-se danificados. Sucedendo a essa primeira e dolorosa etapa do processo, o sentido pessoal da perda é, afinal, compreendido. A duração desse período de introversão varia. Contudo, ele continua, em geral depois da diminuição dos sintomas mais visíveis da dor. Não sendo evidente para o observador que vê as coisas do lado de fora, esse processo é descrito, pela pessoa que perdeu alguém, como um estado de reflexão, de quietude, de fantasia, ou de meditação que se integra à experiência da vida para que haja um estado mais profundo do que antes da morte do filho.

Conclui a autora:

[...] os pais, cuja dor é resolvida através do sofrimento da experiência tornaram-se mais conscientes da intensidade dos seus apegos duradouros, da profundidade obscura do luto e da cura que pode ocorrer quando se permite à sua progressão natural desenvolver-se. Mediante a sua experiência, eles foram dar com aspectos de si mesmos mais profundos do que, de outro modo, poderiam ter conhecido (Savage, 1989, p. 139).

Em acréscimo a isso, como foi sustentado pelas descobertas de Knapp, eles têm menos medo da própria morte. Embora ninguém espere passar pela experiência novamente, dela auferiram proveitos. Com a restauração da criança interior "imaginada", agora entendida como uma parte duradoura deles próprios, o ferimento se cicatriza, como se pode ver no poema de Gael Jarrett:

> A vida também retorna.
>
> Embora apresentando uma ordem totalmente distinta.
>
> Ela é mais intensa. É mais firme, ainda que dominada
>
> Por momentos de triste solidão e de sagaz vacuidade
>
> Mas apta a continuar vivendo
>
> Apta a conhecer as memórias da morte
>
> A conhecer as memórias da esperança malograda
>
> Está apta a dizer:
>
> Tenho sentido esta dor amarga
>
> Tenho chorado lágrimas que não estancam.
>
> Quis parar de viver
>
> Apenas para deixar de sofrer
>
> De algum modo o milagre da vida existe dentro da morte
>
> Eu ainda continuo a viver
>
> Talvez para acreditar no amor...
>
> Quando estou pronta para dizer:
>
> "Meu bebê morreu".

CAPÍTULO V

REFLETINDO SOBRE AS HISTÓRIAS

Considerando os relatos de experiência vividos pelas mulheres da pesquisa, pude perceber a importância de trabalhos utilizando a metodologia qualitativa, e o grau de profundidade em que o problema da perda fetal pode ser analisado, na tentativa de construção do conhecimento, buscando captar a totalidade do ser diante de uma vivência desse processo de saúde – doença – morte.

A partir da história oral das mulheres que vivenciaram este problema, foi possível obter elementos para a compreensão de sua realidade socioestrutural, das diversas circunstâncias relatadas, do relacionamento com os serviços de saúde, profissionais de saúde, instituições religiosas e pessoas, mostrando a sua condição e inserção social, e a forma como todos esses relacionamentos aconteceram e foram sentidos diante de seu problema.

Além disso, foi possível apreender os elementos sociossimbólicos dessas mulheres, com a identificação dos diferentes valores e crenças e o significado da perda fetal no seu contexto de vida.

Pela análise minuciosa desses vários elementos, foi possível compreender e me emocionar com muitos depoimentos, que expressam as várias dimensões do ser humano, e reconhecer essas mulheres enquanto totalidade – o "eu e a circunstância".

Ficou evidente que, a partir deste estudo, pude obter uma melhor compreensão desse misterioso e fascinante universo feminino, em que, mais uma vez, constatei a força poderosa que a maternidade simboliza para a mulher da sociedade contemporânea, o quanto a perda do bebê intraútero pode representar um longo trajeto de sofrimento, assim como a importância de uma rede de apoio para ajudar mulheres nesse tipo de situação irreversível.

Compreendi que apenas o encontro de um significado para a experiência vivenciada, como a que constitui o objeto de nosso estudo – perda fetal –, é capaz de reerguer mulheres, levando ao encontro de uma nova identidade.

Através do estudo, foi possível compreender claramente que, naquele momento da pesquisa no ano 2000, em que o homem estava prestes a conseguir uma de suas maiores façanhas a partir das experiências – produzir um ser humano a partir das experiências de clonagem –, estávamos vivendo uma crise ética no sentido de valorização da vida em sua essência.

Percebo que o nosso cotidiano está permeado pelas diversas formas de transgressão do direito à vida com dignidade e respeito ao ser, onde nos deparamos com políticas públicas tênues, a exemplo da saúde, que não conseguiu oferecer serviços mais adequados e acolhedores, como descritos pelas mulheres da pesquisa, no momento muito especial, em que elas se preparavam para ter um bebê, um novo ser humano.

Outro aspecto importante que me chamou atenção naquele momento vivenciado pelas mulheres foi o despreparo dos nossos profissionais de saúde quanto à sensibilidade no relacionamento médico – paciente, considerando os aspectos sociais e psicológicos. Isto reflete, na verdade, o desafio para a formação médica considerando os aspectos biológicos voltados para a doença em detrimento do paciente na sua integralidade como ser humano.

Diante desta realidade caótica encontrada, é preciso refletir e debater as melhores formas para o atendimento de saúde de nossa população, que se encontra à mercê do desrespeito à dignidade humana, quando se vê diante de um problema. É urgente a mudança que busque novas formas de atendimento, que valorize o ser humano como um todo.

É necessária uma mudança de paradigma nesta missão de atender pessoas, é preciso humanizar o atendimento, porque é muito importante estarmos integrados à vida dos pacientes, compartilhando e participando da realização de seus sonhos e fantasias, angústias e sofrimento, que não são só deles, mas são nossos também e fazem parte da humanidade e da vida. Dessa maneira, faz-se necessária a ênfase no atendimento considerando a abordagem da Medicina Centrada na Pessoa de Stewart *et al.* (2010), como forma de uma abordagem médica que enfatize o subjetivo e os sentimentos, ideias, funções e expectativas das pacientes.

É preciso inserir, nos currículos dos profissionais de saúde e residências médicas e multiprofissionais, conhecimentos das ciências sociais, filosofia, psicologia, metodologias de pesquisa qualitativa, incluindo experiências de pessoas que viveram problemas de saúde, como o da presente pesquisa, no sentido de melhorar a qualidade de atendimento nas Unidades de Saúde (UBSs) e Maternidades, oferecendo o suporte necessário aos profissionais, diante das mais variadas circunstâncias que o paciente possa estar vivenciando em relação a sua saúde.

Foi possível compreender, a partir da experiência vivenciada pelas mulheres, todo o processo que envolveu a gravidez e a perda do bebê intraútero, revelando os sentimentos, a angústia que envolveram a perda, além de todo sofrimento no processo de elaboração do luto materno, até a compreensão do significado para a sua vida, dentro de seu universo simbólico.

O significado atribuído, seja na forma de "perda de parte/pedaço do corpo", seja na forma de "fatalidade/vontade divina", ou de "mudança de atitude perante a vida", nada mais é do que a expressão de processos singulares vivenciados por essas mulheres diante da perda fetal, em que cada uma significa/ressignifica a experiência de forma distinta.

De qualquer maneira, permitiu-me fazer a leitura de que essas mulheres já não são as mesmas após terem vivenciado a experiência, na medida em que implicou a reconstrução de sua identidade, agora em outras bases, ou seja, situando-se/resituando-se no mundo de outra forma.

Em outros termos, a perda fetal representou uma ruptura/crise na vida dessas mulheres, porém lhes possibilitou dar um salto de qualidade, dela extraindo uma grande lição que as coloca na condição de estar aconselhando outras mulheres para evitar processos semelhantes por elas vividos...

Dessa maneira, compartilhei uma experiência que permitiu compreender um pouco mais as várias faces da nossa realidade, em especial no campo da Saúde Pública, e, ao mesmo tempo, mostrou toda a grandeza e riqueza de conhecimentos do ser humano, de sua capacidade de enfrentar situações difíceis, renascendo a cada dia, buscando explicações e, pela vivência do sofrimento, adquirindo sabedoria.

Pela análise minuciosa desses vários elementos, foi possível compreender e me emocionar com muitos depoimentos, que demonstram as várias faces do ser humano, e perceber a totalidade, onde nos inserimos de acordo com as várias circunstâncias vivenciadas.

Diante de todos os conhecimentos adquiridos neste estudo e pela magnitude e profundidade do problema que atinge milhões de mulheres no mundo, se faz necessária, e de maneira urgente, a criação de Políticas Públicas e Programas de Acolhimento para mulheres que perderam seu bebê intraútero, para minorar o sofrimento vivenciado, em todos os serviços de saúde com acolhimento e atenção humanizada de uma equipe multiprofissional.

Lembrando que na atualidade, com os avanços tecnológicos póspandemia da Covid-19, com a regulamentação da consulta on-line, a implantação da Inteligência Artificial (IA), será necessário muito mais atenção e cuidado no atendimento médico e dos profissionais de saúde, além de gestores de Políticas em Saúde para os Direitos Humanos e preceitos da Ética e Bioética que preservem a dignidade humana no cuidado integral para a saúde das mulheres.

Finalizando e com muito carinho, agradeço a essas mulheres anônimas pelas histórias contadas respeitando o sentimento do silêncio do parto e do luto materno em suas vidas. Tenham certeza de sua contribuição para a ciência e espero, como profissional e professora, estar colaborando para as mudanças!

Tentando sintetizar a compreensão do significado da perda do nenê, pelas palavras de nossas entrevistadas, reconhecemos que:

> *Foi uma experiência... uma dor... uma experiência dura, que veio para me abalar, que me fez refletir; com mudanças na minha atitude perante a vida; no sentido de (re)encontrar o amor de mãe; trouxe um amadurecimento dentro de minha identidade como mulher, mostrando a importância da valorização da vida, do viver o agora, esse minuto, e com responsabilidade. Simbolicamente representou a perda de um pedaço, de uma parte de mim, mas que jamais meu nenê será esquecido, por ter sido único, especial e me trouxe felicidade.*

> *Para mim só Deus mesmo é que pode dar a explicação, mas ao mesmo tempo foi Ele quem mais me confortou, e me fez ver que não somos nada diante do universo, e, só assim, me fez compreender que a perda do meu bebê, em vez de não significar nada, significou tudo.*

Aqui fica a lição de Benjamin (1987, p. 200-223):

> [...] A experiência vivenciada é passada de pessoa a pessoa pelos narradores anônimos de histórias orais, e pela narrativa se esclarece com um senso prático, que pode se constituir de um ensinamento, uma sugestão prática, uma norma de vida mais ainda, o conselho é tecido na substância viva da existência e tem um nome: sabedoria.

[...] O cronista que narra acontecimentos, sem distinguir os grandes e os pequenos, leva em conta a verdade de que nada do que um dia aconteceu pode ser considerado perdido para a história. Sem dúvida, somente a humanidade redimida poderá apropriar-se totalmente do seu passado.

Lembrando o poeta Chico Buarque de Holanda, faço uma homenagem às mulheres que vivenciaram o *"silencio de um parto"* e o luto materno, com os versos de uma canção símbolo do seu sofrimento:

Oh, pedaço de mim

Oh, metade adorada de mim

Leva o vulto teu

Que a saudade é o revés de um parto

A saudade é arrumar o quarto

Do filho que já morreu

Oh, pedaço de mim

Oh, metade amputada de mim

Leva o que há de ti

Que a saudade dói latejada

É assim como uma fisgada

No membro que já perdi...

REFERÊNCIAS

ABELL, T. D. *et al.* The effects of family functioning on infant birth-weight. **Journal of Family Practice**, n. 32, p. 37-43, 1991.

ALBERMAN, E. The scope perinatal and the usefulness of international comparisons. **Proc. Annu. Symp. Eugen. Soc.**, n. 17, p. 57-73, 1981.

ALBERT, S. *et al.* Mortalidade de mulheres em idade fértil no Brasil de 2006 a 2019: causas e tendências. **Revista Brasileira de Estudos de População**, v. 40, p. e0233, 2023.

ALBERTI, V. **História Oral**: a experiência do CPDOC. Rio de Janeiro: CPDOC, 1989.

ALMEIDA, M. G. S. **Mortalidade perinatal no município de São Paulo**. 1996. Dissertação (Mestrado em Saúde materno-infantil) – Universidade de São Paulo, São Paulo, 1996.

ALVARENGA, A. T. A saúde pública como campo de investigação interdisciplinar e a questão metodológica. **Saúde e Sociedade**, v. 3, n. 2, p. 23-41, 1994.

ARIÈS, P. **História social da criança e da família**. Rio de Janeiro: Zahar, 1978.

ARIÈS, P. **The hour of our death**. Nova York: Alfred A Knopf, 1981.

BADINTER, E. **Um amor conquistado**: o mito do amor materno. Rio de Janeiro: Nova Fronteira, 1985.

BAKKETEIG, L. S. *et al.* Socioeconomic Differences in Fetal and Infant Mortality in Scandinavia. **J. Public health Policy**, v. 14, n. I, p. 82-90, 1993.

BARALDI, S. **Sobre o significado da morte e do morrer**: identificando similaridades e diferenças no Brasil (São Paulo) e Cuba (Havana). 1999. Dissertação (Mestrado em Saúde materno-infantil) – Universidade de São Paulo, São Paulo, 1999.

BARD, H. Intrauterine growth retardation. **Clin. Obstet. Ginec.**, n. 13, p. 511-525, 1970.

BARDIN, L. **Análise de Conteúdo**. São Paulo: Livraria Martins Fontes, 1977.

BARROS, F. C. *et al.* Saúde perinatal em Pelotas, RS, Brasil: fatores sociais e biológicos. **Rev. Saúde Publ.**, São Paulo, n. 18, p. 301-312, 1984.

BARROS, F. C. *et al*. El risco perinatal en Ciudades del Tercer Mundo. **Foro Mundial de la Salud.**, n. 6, p. 369-372, 1985.

BARROS, P. de S.; AQUINO, E. C. de; SOUZA, M. R. de. Mortalidade fetal e os desafios para a atenção à saúde da mulher no Brasil. **Rev. saúde pública**, v. 53, p. 12, 2019. Disponível em: https://www.revistas.usp.br/rsp/article/view/154096.

BAILEY, P. E. *et al*. Assistência Obstétrica e Mortalidade Perinatal em uma área do Nordeste brasileiro. **Bol. of Sanit. Panam.**, v. 111, n. 4, p. 306-318, 1991.

BENJAMIN, W. **Reflexões**: a criança, o brinquedo, a educação. Trad. Marcus Vinicius Mazzari. São Paulo: Summus, 1984. (Novas buscas em educação, v. 17).

BENJAMIN, W. **Magia e técnica, arte e política**. Ensaios sobre a literatura e história da cultura. São Paulo: Brasiliense, 1987.

BENJAMIN, A.; OSBORNE, P. **A filosofia de Walter Benjamin**: destruição e experiência. Rio de Janeiro: Jorge Zahar, 1997.

BOGDAN, R.; BIKLEN, S. K. **Qualitative Research for Education**. Boston: Allyn and Bacon, Inc., 1982.

BOLTANSKI, L. **As classes sociais e o corpo**. Rio de Janeiro: Graal, 1984.

BRASIL. Ministério da Saúde. **Portal da Saúde SUS**. Informações de Saúde. Estatísticas vitais. Brasília, DF: Ministério da Saúde, 2016. Disponível em: http://tabnet.datasus.gov.br/cgi/tabcgi.exe? sim/cnv/fet10uf.def. Acesso em: 16 jan. 2018.

BRASIL. Ministério da Saúde. **Portal da Saúde SUS**. Informações de Saúde - Análise da mortalidade materna, fetal e infantil no Brasil (2010-2021) - Plataforma IVIS. Disponível em: https://ivisanalitico.aids.gov.br/dashboard/analise_da_mortalidade_materna_fetal_e_infantil_no_brasil_2010_2022. Acesso em: 30 jul. 2024.

BRETON, P. **A argumentação na comunicação**. Bauru, SP: EDUSC, 1999.

BRIOSHI, L. R.; TRIGO, M. H. B. Relatos de vida em ciências sociais: considerações metodológicas. **Ciência e Cultura**, São Paulo, v. 39, n. 7, p. 631-637, 1987.

BRIOSHI, L. R.; TRIGO, M. H. B. **Família**: representação e cotidiano – reflexões sobre um trabalho de campo. São Paulo: CERU/CODAC/USP, 1989. (Textos, Nova Série,1).

BRUNHAM, R. C.; KUO, C.-C.; MARTIN, D. H. *et al* Cellular immune response during uncomplicated genital infection with Chlamydia trachomatis in humans. **Infect Immun**, n. 34, p. 98-104, 1981.

BUKOWSKI, R. *et al*. Association between stillbirth and risk factors known at pregnancy confirmation. **JAMA**: the journal of the American Medical Association, v. 306, n. 22, 2011.

CAMARGO, A. Apresentação. *In*: ALBERTI, V. **História Oral**: a experiência da CPDOC. Rio de Janeiro: CPDOC, 1989.

CAMPILLO, I. *et al*. Psychological and support interventions to reduce levels of stress, anxiety or depression on women's subsequent pregnancy with a history of miscarriage: an empty systematic review. **BMJ open**, v. 7, n. 9, p. e017802, 2017.

CENTRO LATINO-AMERICANO DE PERINATOLOGIA E DESENVOLVIMENTO HUMANO (CLAP). **CLAP.** Montevideo: Clap. 1987. (CLAP- Publicação Científica,1122).

CENTRO LATINO-AMERICANO DE PERINATOLOGIA E DESENVOLVIMENTO HUMANO. Saúde Perinatal. **Boletim do CLAP**, Montevideo,1988.

CHAMBERLAIN, G. Epidemiologia e etiologia do recém-nascido pré-termo . **Clin. Obstet.Ginec.**, n.11, p. 309-328, 1984.

CHEONG-SEE, F. *et al*. Prospective risk of stillbirth and neonatal complications in twin pregnancies: systematic review and meta-analysis. **Bmj**, v. 354, 2016.

CONSELHO FEDERAL DE MEDICINA. Resolução CFM n.º 1.601, de 9 de agosto de 2000. Brasília: CFM, 2000.

DAGA, A. S.; DAGA, S. R. Epidemiology of Perinatal Loss in Rural Maharashtra. **Journal of Tropical Pediatrics.**, n. 39, p. 83-85, 1993.

DAVIDSON, A. D. Disaster: coping with stress. **Police stress.**, n.1, p. 20-22, 1979.

DEFEY, D.; ROSSELO, J. L. D.; FRIEDLER, R.; NUÑEZ, M.; TERRA, C. **Duelo por um niño que muere antes de nacer**. Montevideo: Clap, 1985. (OPS - OMS – Publicación Científica, Clap,1086).

DEL PRIORE, M. **Ao sul do corpo**: condição feminina, maternidade e mentalidades no Brasil Colônia. Rio de Janeiro: José Olímpio: Edump, 1993.

DEMOGRAPHIC YEARBOOK. New York: 1980, **United Nations Publication**, Thirty-second Trente-deuxième, Mortality statistics- Statistiques de la mortalité. Sales number: E/F.81.XIII.1. Disponível em: https://unstats.un.org/unsd/demographicsocial/products/dyb/dybsets/1980%20DYB.pdf. Acesso em: 21 out. 2024.

DEMOGRAPHIC YEARBOOK. New York: 1992. **United Nations Publication**, Forty-fourth Quarante-quatrième, Fertility and mortality statistics Statistiques de la fecondité et de la mortalité. Sales number: E/F.94.XIII.1. Disponível em: https://unstats.un.org/unsd/demographicsocial/products/dyb/dybsets/1992%20DYB.pdf.Acesso em: 21 out. 2024.

DEMOGRAPHIC YEARBOOK. New York:1996. **United Nations Publication,** Forty-eighth Quarante-huitième, Mortality statistics Statistiques de la mortalité Sales number: E/F.98.XIII.1. Disponível em: https://unstats.un.org/unsd/demographicsocial/products/dyb/dybsets/1996%20DYB.pdf. Acesso em 21 out. 2024.

DENZIN, N. K. **The Research Act**. Chicago: Aldine PublishingCo, 1973.

DENZIN, N. K.; LINCOLN, Y. S. **Handbook of qualitative research.** London: Sage publications, 1994.

DESILVA M. *et al*. Evaluation of acute adverse events after Covid-19 vaccination during pregnancy. **New England Journal of Medicine**, v. 387, n. 2, p. 187-189, 2022.

DOBROF, R. Sistemas de suporte social. *In:* CALKINS, E.; FORD, B. A.; KARTZ, P. **Geriatria prática**. Porto Alegre: Revinter, 1997.

FELISBINO-MENDES, M. S.; MATOZINHOS, F. P.; MIRANDA, J. J.; VILLAMOR, E.; VELASQUEZ-MELENDEZ, G. Maternal obesity and fetal deaths: results from the Brazilian cross-sectional Demographic Health Survey, 2006. **BMC Pregnancy Childbirth**, v.14, n. 1, p. 5, 2014.

FREY, H. A.; ODIBO, A. O.; DICKE, J. M.; SHANKS, A. L.; MACONES, G. A.; CAHILL, A. G. Stillbirth risk among fetuses with ultrasound-detected isolated congenital anomalies. **Obstet Gynecol.**, v. 124, n. 1, p. 91-98, 2014.

FRETTS, R.; SPONG, C. Stillbirth: Incidence, risk factors, etiology, and prevention. **UpToDate**, 2020.

FUNDAÇÃO SEADE. **Pesquisa de Informações Municipais**: São Paulo: Fundação Seade, 1997.

GADOW, E. C. *et al*. Stillbirth Rate and associated Risk Factors Among Latin American Hospital Birth 1982-1986. **Int. J.Gynecol. obstet.**, n. 35, p. 209-214, 1991.

GAGNEBIN, J. M. Prefácio. BENJAMIN, W. **Magia e técnica, arte e política**: ensaios sobre literatura e história da cultura. Trad. Sérgio Paulo Rouanet. 7. ed. São Paulo: Brasiliense, 1994. (Obras escolhidas, v. 1).

GARDOSI, J.; MADURASINGHE, V.; WILLIAMS, M.; MALIK, A.; FRANCIS, A. Maternal and fetal risk factors for stillbirth: population based study. **BMJ**, n. 346, p.108, 2013.

GARNICA, A. V. M. Algumas notas sobre Pesquisa Qualitativa e Fenomenologia. *In*: PIRES, M. F. C. **Paradigmas de Interpretação da realidade**. Botucatu, SP: UNESP, 1996.

GASSET, J. Y. **Em torno a Galileu**: esquema das crises. Petrópolis: Vozes, 1989.

GONÇALVES, H. D. Corpo doente: estudo acerca da percepção da tuberculose. *In*: DUARTE, L. F. D.; LEAL, O. F. **Doença, sofrimento, perturbação**: perspectivas etnográficas. Rio de Janeiro: Fiocruz, 1998. p. 81-94.

GRISCI, C. L. I. Mulher mãe. **Psicol.Cienc.Prof.**, n.15, p. 12-17, 1995.

HANSON, B. S.; ISACSSON, S. O.; JANZON, L.; LINDEL, S. E. Social network and social support influence mortality in elderly men. **American Journal of Epidemiology**, v. 130, n. 1, p. 100-111, 1989.

HEITZMANN, C. A.; KAPLAN, R. M. Assessment of methods for measuring social support. **Health Physicology**, v. 7, n. 1, p. 75-109, 1988.

HERRERA, J. A. *et al*. Prenatal biopsicossocial risk assessment and low birthweight. **Soc. Sci. Med.**, v. 44, n. 8, p. 1107-1114, 1997.

HOGUE, C. *et al*. A population-based case-control study of stillbirth: the relationship of significant life events to the racial disparity for African Americans. **American journal of epidemiology,** v. 177, n. 8, p. 755-767, 2013.

HUG, L. *et al*. Global, regional, and national estimates and trends in stillbirths from 2000 to 2019: a systematic assessment. **The Lancet**, v. 398, n. 10302, p. 772-785, 2021.

KASS, E. H. Pregnancy, pyelonefritis and prematurity. **Clin. Obstet. Gynecol.**, n. 13, p. 239-254, 1970.

KATCHNER, F. D. A study of the emocional rections during labor. **Am. J. Obstet. Gynec.**, n. 60, p. 19-29, 1960.

KAVANAUGH, R. E. **Facing death**. Baltimore: Penguin Books,1974.

KLAUS, M. H.; KNNELL, J. H. **Parent Infant Bonding**. St Louis: C V Mosky, 1982.

KLEINMAN, A. **A patients and Healers in the context of culture**. Berkeley: University of California Press, 1980.Culture, Health care system and clinical reality

KNAPP, R. J. **Beyond Endurance**: when a child dies. Nova York: Schocken Books, 1986.

KNOX, E. G. *et al*. Perinatal mortality standards: construction and use of a health care performance indicator. **J. Epidem. Community Hlth.**, n. 40, p. 193-204, 1986.

KRAMER, S. **Por entre as pedras**: arma e sonho na escola. São Paulo: Ática, 1993.

LAUKARAN, V. H.; VAN DEN BERG, B. J. The relationship of maternal attitude to pregnancy outcomes and obstetric complications: A cohort study of unwanted pregnancy. **Am. J. Obstetric. Gynecol.**, n. 136, p. 374-379, 1980.

LAURENTI, R. *et al*. Mortalidade perinatal em São Paulo, Brasil. **Rev. Saúde Public.**, São Paulo, n. 9, p. 115-124, 1975.

LAURENTI, R. *et al*. Características da Mortalidade Infantil e da Natimortalidade da Baixada Santista. *In*: REUNIÃO ANUAL DA SBPC, 34., 1982, Campinas, SP. **Anais** [...]. Campinas, SP: SBPC, 1982.

LAURENTI, R. Estudo da Morbidade e Mortalidade Perinatal em Maternidades. **Revista de Saúde Pública**, v. 18, n. 6, p. 436-447, 1984.

LAURENTI, R. *et al*. **Estatísticas de Saúde**. São Paulo: EPU, 1987.

LAMONT, K. *et al*. Risk of recurrent stillbirth: systematic review and meta-analysis. **BMJ**, v. 350, 2015.

LAWN, J. *et al*. Stillbirths: rates, risk factors, and acceleration towards 2030. **The Lancet**, v. 387, n. 10018, p. 587-603, 2016.

LEAN, S. *et al*. Advanced maternal age and adverse pregnancy outcomes: A systematic review and meta-analysis. **PloS one**, v. 12, n. 10, p. e0186287, 2017.

LECHTIG, *et al*. Maternal nutricion and fetal growth in developing societies; socioeconomic factors. **Amer. j. Dis. Cuild.**, n.129, p. 434-437, 1975.

LUZ, A. M. H.; SANTOS, E. S.; MENDES, S. M. A.; AGOSTINI, S. M. M. Feto morto: Atuação frente ao sentimento materno. **Revista Bras. Enferm.**, n. 42, p. 92-100, 1989.

MARTINS, M. A.; QUAYLE, J.; SOUZA, C.; ZUGAIB, M. O impacto emocional materno diante da perda fetal durante gestação: aspectos qualitativos. **Rev. Ginec. Obstet.**, v. 9, n. 3, p. 153-159, 1998.

MAVALANKAR, D. V. et al. Levels and Risk Factors for Perinatal Mortality in Ahmedabad, India . **Bulletin of World Health Organization.**, v. 69, n. 4, p. 435-442, 1991.

MAC CORMICK, M. C. The contribution of low birth weight to infant mortality and childhood morbidity. **New England.J.Med.**, n. 312, p. 82-90, 1985.

MEIHY, J. C. S. B. **Manual de História Oral**. 2.ed. São Paulo: Edições Loyola,1998.

MEYER, R. J.; HAGGERTY, R. J. Streptococcal infections in families: Factors altering individual susceptibility. **Pediatrics**, n. 29, p. 539-549, 1962.

MINAYO, M. C. S. **O desafio do conhecimento, pesquisa qualitativa em saúde.** 3. ed. São Paulo: Hucitec; Rio de Janeiro: Abrasco, 1994.

MINAYO, M. C. and GUALHANO, L. Rede Cegonha: nascer sob a proteção do SUS [online]. **SciELO em Perspectiva | Press Releases**, 2021 [viewed 18 October 2024].

MINISTÉRIO DA SAUDE. **Painel Análise da mortalidade materna e infantil no Brasil (2010-2022)**. Plataforma IVIS, Plataforma Integrada de Vigilância em Saúde. Disponível em: https://ivisanalitico.aids.gov.br/dashboard/analise_da_mortalidade_materna_fetal_e_infantil_no_brasil_2010_2022. Acesso em: 5 jul. 2024.

MINISTÉRIO DA SAUDE. Portaria nº 1.459, de 24 de junho de 2011. **Institui, no âmbito do Sistema Único de Saúde - SUS - a Rede Cegonha.** Disponível em: https://bvsms.saude.gov.br/bvs/saudelegis/gm/2011/prt1459_24_06_2011.html. Acesso em: 21 out. 2024.

MURICY, K. **Alegorias da dialética**: imagem e pensamento em Walter Benjamin. Rio de Janeiro: Relume Dumará, 1998.

NEWTON, R. W. et al. Psychosocial stress in pregnancy and its relation to the onset of premature labor. **British Medical Journal.**, n. 2, p. 411-413, 1979.

NEWTON, R. W. *et al*. Psychosocial stress in pregnancy and its relation to low birthweight. **British Medical Journal.**, n. 228, p. 1191-1194, 1984.

NUCKOLS, C.H. *et al*. Psychosocial assets, life crisis and the prognosis of pregnancy. **American Journal of Epidemiology**, n. 95, p. 431-439, 1972.

OLIVEIRA, F. J. A. Concepções de doença; o que os serviços têm a ver com isto? *In*: DUARTE, L. F. D; LEAL, O. F. **Doença, sofrimento, perturbação**: perspectivas etnográficas. Rio de Janeiro: Fiocruz, 1998. p. 81-94.

ORGANIZAÇÃO MUNDIAL DA SAÚDE. **Manual da Classificação Internacional de doenças, lesões e morte.** Nona revisão, 1975. São Paulo: Centro Colaborador da OMS para a Classificação de doenças em português, 1978.

ORGANIZAÇÃO MUNDIAL DA SAÚDE. **Manual da Classificação Internacional de doenças, e problemas relacionados a Saúde.** Décima revisão, 1993. São Paulo: Centro Colaborador da OMS para a Classificação de doenças em português,1993.

ORGANIZAÇÃO DAS NAÇÕES UNIDAS. Um bebê nasce morto a cada 16 segundos no mundo. **ONU-NEWS Perspectiva Global Reportagens Humanas**, 8 outubro 2020. Disponível em: https://news.un.org/pt/story/2020/10/1728982. Acesso em: 30 jul. 2024.

OTA, E. *et al*. Antenatal interventions for preventing stillbirth, fetal loss and perinatal death: an overview of Cochrane systematic reviews. **Cochrane Database of Systematic Reviews**, n. 12, 2020.

ORTEGA Y GASSET, J. **Em torno a Galileu, esquema das crises.** Petrópolis: Vozes, 1989.

PAIM, H. H. S. M. Marcas no corpo: gravidez e maternidade em grupos populares. *In*: DUARTE, L. F. D; LEAL, O. F. **Doença, sofrimento, perturbação**: perspectivas etnográficas. Rio de Janeiro: Fiocruz, 1998. 31-47.

PEREIRA DE QUEIROZ, M. I. **Variações sobre a técnica de computador no Registro da Informação Viva.** São Paulo: CERU: FFLCH/USP, 1998. (Coleção Textos 4).

PEREIRA DE QUEIROZ, M. I. Relatos Orais: do indizível ao dizível. *In*: VON SIMON, O.M. **Experimentos com História de Vida Itália-Brasil.** São Paulo: Vértice,1988.

PEREZ, G. G.; LEON, L. H. Desarrolo Social e Mortalidad Infantil, 1997-1986, Cuba. Un Analisis regional. **Rev. Saúde Public.**, São Paulo, v. 24, n. 3, p. 186-195, 1990.

PINAR, H.; GOLDENBERG, R. L.; KOCH, M. A.; HEIM-HALL, J.; HAWKINS, H. K.; SHEHATA, B. et al. Placental findings in singleton stillbirths. **Obstet Gynecol.**, v. 123, n. 2 Pt 1, p. 325-36, 2014.

POPIM, R. C.; BARBIERI; A. O significado da morte perinatal - depoimento de mães. **Revista Bras. Enferm.**, Brasília, n. 43, p. 134-140, 1990.

POSSENTI, S. **Discurso, estilo e subjetividade**. São Paulo: Martins Fontes, 1993.

PRETI, D. **Análise de textos orais**. São Paulo: Humanitas, 1997.

RAMSEY, C. N.; BAKER, L.; CAMPBELL, J. Family functioning and stress as predictors of influenza infection, abstracted. **Proceeding of the 11th Annual Meeting of the North American Primary Care Research Group**, Banff, Alberta, 1983 April 17-20.

REINEBRANT, H. et al. Making stillbirths visible: a systematic review of globally reported causes of stillbirth. **BJOG: An International Journal of Obstetrics & Gynecology**, v. 125, n. 2, p. 212-224, 2018.

RIGOTTO, R. M. As técnicas de Relatos Orais e o Estudo de Representações Sociais em Saúde. **Ciência & Saúde Coletiva**, v. III, n. 1, 1998.

SANTOS, L. S. Adoção: da maternidade à maternagem: uma crítica ao mito do amor materno. **Rev. Serv. Soc.**, v. 19, n. 57, p. 99-108, 1998.

SACCONE, G. et al. Maternal and perinatal complications according to maternal age: A systematic review and meta-analysis. **International Journal of Gynecology & Obstetrics**, v. 159, n. 1, p. 43-55, 2022.

SÃO PAULO. Secretaria de Estado da Saúde. **Tabulações Básicas de Mortalidade Geral, Infantil e Materna.** São Paulo: Coordenadoria de Planejamento de Saúde, 1996.

SARANSON, I. M.; BASHMAN, B.; SARANSON, B. R. Assessing social support: the social support questionnaire. **Journal of personality and social psychology**, v. 44, n. 1, p. 127-39, 1983.

SAVAGE, J.A. **Vidas não vividas**: o sentido psicológico da perda simbólica e da perda real na morte de um filho. São Paulo: Cultrix, 1989.

SCHWARCZ, R. et al. Principales causas perinatal de la mortalidad feto-natales y de las sequelas invalidantes en el niño, en países latino americanos: algumas estratégias y accion para contribuir a su abatimento. *In*: FESCINA, R. H. **Tecnologias perinatais: fundamientos desarrolo y evaluación.** Montevideo, CLAP/OPAS, 1987. p. 8-21.

SCHULTZ, A. **Fenomenologia e relações sociais.** Rio de Janeiro: Zahar, 1979.

SILVA, G. S. Exorcizamos a morte ou a tomamos como conselheira. **Jornal de Psicologia, Psiquiatria e Saúde (Psiconews)**, ano II, n. 10, 8 out. 1997.

SIQUEIRA, A. A. F. Evolução da gravidez em adolescentes matriculadas no serviço de pré-natal do Centro de Saúde Geraldo Paula Souza. **Revista de Saúde Pública**, n. 15, 1981.

SIQUEIRA, A. A. F. *et al*. Influência de altura, ganho de peso maternos e da idade gestacional sobre o peso do recém-nascido: estudo de três grupos de gestantes normais. **Rev. Saúde Publ. São Paulo**, n. 9, p. 331-342, 1975.

SLUZKI, C. E. **A rede social na prática sistêmica**: alternativas terapêuticas. São Paulo: Casa do Psicólogo, 1997.

SMILKSTEIN, G. *et al*. Prediction of pregnancy complications: An application of the biopsychosocial model. **Soc. Sci. Med.**, n. 18, p. 315-321, 1984.

SMITH, G. C.; FRETTS, R. C. Stillbirth. **Lancet**, v. 370, n. 9600, p. 1715-1725, 2007.

SOUSA, C. A. D. O lado de dentro da sala de aula: A experiência da participação. *In*: MONTEIRO, R. A. **Fazendo e aprendendo**: pesquisa qualitativa em educação. Juiz de Fora: UFJF, 1998.

SOUZA, I. M. A. Um Retrato de Rose: considerações sobre processos interpretativos e elaboração de história de vida *In:* DUARTE, L.F.D.; LEAL, O.F. **Doença, sofrimento, perturbação**: perspectivas etnográficas. Rio de Janeiro: Fiocruz, 1998. p. 151-168.

SOUZA, R. S. *et al*. Investigation of stillbirths in Brazil: A systematic scoping review of the causes and related reporting processes in the past decade. **International Journal of Gynecology & Obstetrics**, v.161, n. 3, p. 711-725, 2023.

STACEY, T.; THOMPSON, J. M.; MITCHELL, E. A.; EKEROMA, A. J.; ZUCCOLLO, J. M.; MCCOWAN, L. M. Relationship between obesity, ethnicity and risk of late stillbirth: a case control study. **BMC Pregnancy Childbirth**, v. 11, n.1, p. 3, 2011.

STASEVSKAS, K. O. **Ser mãe**: narrativas de hoje. 1999. Dissertação (Mestrado em saúde materno-infantil) – Universidade de São Paulo, São Paulo, 1999.

STEWART, M. et al. **Medicina centrada na pessoa**: transformando o método clínico. Porto Alegre: Artmed, 2010.

SWEET, R. L.; SCHACHTER, J.; LANDERS, D. V. Chlamydial Infections in obstetrics and gynecology. **Clin. Obstet. Gynecol.**, n. 26, p. 143, 1983.

SUN, S. et al. Óbito fetal. **Femina**, v. 47, n. 6, p. 322-49, 2019.

TANAKA, A. C. D'A. **Saúde Materna e Saúde perinatal**: relações entre as variáveis orgânicas, socioeconômicas e institucionais. 1986. Tese (Doutorado em saúde materno-infantil) – Universidade de São Paulo, São Paulo, 1986.

TANAKA, A. C. D'A.; MACIEL, A.A. Condições de nascimento como fator de risco perinatal. In: CONGRESSO BRASILEIRO DE PERINATALOGIA, 12., 1990, Rio de Janeiro. **Anais** [...]. Rio de Janeiro: Soc. Bras. Ped., 1990. p. 25.

TANAKA, A. C. D'A. et al. Tendência da Mortalidade Perinatal no estado de São Paulo de 1979-1992. In: CONGRESSO DE PERINATOLOGIA, 14.; REUNIÃO DE ENFERMAGEM PERINATAL, 11., 1994, São Paulo. **Anais** [...]. São Paulo, 1994.

TELES, V. S.; SAIDAH, T. K. Óbitos fetais: números nacionais dos últimos 10 anos. **Revista FT Medicina**, v. 28, n. 129, dez. 2023.

TORMEN, M. et al. Effectiveness and safety of COVID-19 vaccine in pregnant women: A systematic review with meta-analysis. **BJOG: An International Journal of Obstetrics & Gynecology**, v. 130, n. 4, p. 348-357, 2023.

VAN DER BERG, B. J. Epidemiologic observations of tobacco, coffee and alcohol. In: REED, D. M.; STANLEY, F. J. **The epidemiology of prematurity**. Baltimore: Urban & Schwarzengerg Inc, 1977.

WADHWA, P. D. et al. Prenatal Psychosocial Factors and the Neuroendocrine Axis in Human Pregnancy. **Psycosomatic Medicine**, n. 58, p. 432-446, 1996.

WILLAMSON, H. A. et al. Association Between Life Stress and Serious Perinatal Complications. **The Journal of Family Practice**, v. 29, n. 5, p. 489-496, 1989.

WINGATE, M. et al. Disparities in gestational age–specific fetal mortality rates in the United States, 2009–2013. **Annals of epidemiology**, v. 27, n. 9, p. 570-574, 2017.

WISE, P. H. et al. Racial and socioeconomic disparities in childhood mortality in Boston. **N. Engl J. Med.**, n. 313, p. 360-366, 1985.

WORLD HEALTH ORGANIZATION. Recommendations on Intrapartum Care for a Positive Childbirth Experience. Genebra: World Health Organization, 2018.

YOU, Q. *et al*. Miscarriage, stillbirth and the risk of diabetes in women: A systematic review and metaanalysis. **Diabetes Research and Clinical Practice**, p. 110224, 2022.

ZAMITI, K. Histoire de Vie et societé. **Recherches Sociologiques**, v. XVI, n. 2, p. 307-317, 1985.

ZAPATERO, J. T. *et al*. Mortalidad Perinatal en Chile, 1956-1986. **Bol. of Sanit. Panam.**, v. 106, n. 4, p. 287-95, 1989.